O LIVRO DOS PERIGOSOS DINOSSAUROS

PÉ da letra

The Dangerous Book of Dinosaurs
Copyright © Arcturus Holdings Limited

Os direitos desta edição pertencem à
Pé da Letra Editora
Rua Coimbra, 255 - Jd. Colibri
Cotia, SP, Brasil
Tel.(11) 3733-0404
vendas@editorapedaletra.com.br
www.editorapedaletra.com.br

Esse livro foi elaborado e produzido pelo

☎ (11) 93020-0036

Tradução, Edição e Coordenação Fabiano Flaminio
Autora Liz Miles
Ilustrações Khoa Le
Design e Diagramação Notion Design, Emma Randall e Adriana Oshiro
Revisão Larissa Bernardi

Dados Internacionais de Catalogação na Publicação (CIP)
Angélica Ilacqua - CRB-8/7057

Miles, Liz

    O livro dos perigosos dinossauros / Liz Miles ; tradução de Fabiano Flaminio.
– Brasil : Pé da Letra, 2021.

128 p. : il., color.

Título original : The Dangerous Book of Dinosaurs
ISBN: 978-65-5888-205-3

1. Literatura infantojuvenil 2. Dinossauros - Literatura infantojuvenil
3. Dinossauros - Curiosidades I. Título II. Flaminio, Fabiano

21-1393   CDD 028.5

Índices para catálogo sistemático:
1. Literatura infantojuvenil

Créditos das imagens:
Legenda: i-inferior, m-meio, e-esquerda, d-direita, s-superior
Todas as imagens de *pixel-shack.com* exceto por:
Shutterstock: p6, id, ie; p7 id; p8 ie; p9 md; p11 id; p13 ie; p15 s; p19 sd; p21 id; p25 sd; p25 m; p28 id; p35 sd; p53 id; p55 md; p65 i; p71 id; p89; id; p91 md; p105 id; p109 id; p111 id; p112 id; p123 id.
Wikipedia Commons: p45 id; p51 id; p59 id; p79 se; p96 me; p103 s.

CONTEÚDOS

PLANETA DINOSSAURO

Os dinossauros eram um grupo de répteis que dominou a Terra por mais de 160 milhões de anos. Eles variavam de caçadores gigantes, como o Espinossauro, a pequenos corredores, como o Compsognato.

Os dinossauros herbívoros estavam em constante perigo por causa dos carnívoros selvagens. Alguns dinossauros, como os Hadrossauro, vagueavam nos rebanhos. Outros, como o Euoplocéfalo, eram muito provavelmente solitários.

Os dinossauros viveram em épocas diferentes. Alguns dos dinossauros mais conhecidos, como o temível caçador Tiranossauro Rex, e os chifrudos Triceratopos, habitavam a Terra durante o período Cretáceo.

Um dos asteroides no céu em direção à Terra, onde irá eliminar os dinossauros (p.20)

OUTROS MONSTROS PRÉ-HISTÓRICOS

Os dinossauros podem ter governado a terra, mas eles não foram as únicas criaturas a chamar a Terra pré-histórica de lar. Eles viviam ao lado de insetos, mamíferos e outros répteis.

Durante a era dos dinossauros, terríveis Pterossauros (lagartos voadores) dominavam os céus, enquanto os oceanos estavam cheios de fantasiosos monstros marinhos - répteis agressivos, lulas monstruosas e tubarões gigantes.

Então, misteriosamente, há cerca de 65 milhões de anos, todos os dinossauros, juntamente com muitas outras criaturas, morreram de repente.

MUDANDO A TERRA

A HISTÓRIA DE NOSSO PLANETA DINÂMICO

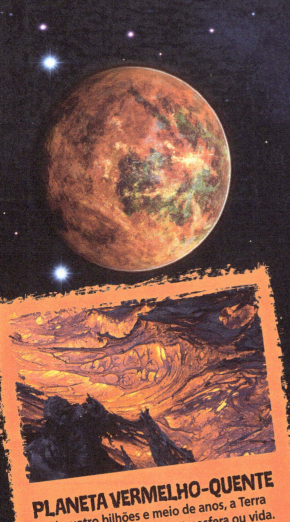

PLANETA VERMELHO-QUENTE

Há quatro bilhões e meio de anos, a Terra não tinha terra, oceanos, atmosfera ou vida. A Terra, esmagada por meteoritos, tornou-se cada vez mais quente até que a maior parte dela foi derretida. Mas, lentamente, o gás de dentro vazou para fora e uma atmosfera se formou. Há cerca de 3,8 bilhões de anos, os oceanos começaram a aparecer.

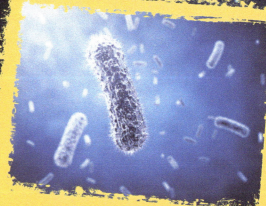

DURAÇÃO DA VIDA

Há cerca de 3,5 bilhões de anos, a maior parte da superfície da Terra era um vasto e raso oceano. Foi aqui que surgiram as primeiras formas de vida simples e unicelulares. Uma vida mais complexa e multicelular não evoluiria por mais 2 bilhões de anos.

Hoje, a Terra é muito diferente do lugar onde os dinossauros outrora vagueavam. Nosso mundo pode parecer imutável, mas, na verdade, está em um estado constante de mudança gradual. A superfície do planeta é formada por enormes placas que flutuam sobre uma massa de rocha derretida (líquida). Ao longo de milhões de anos, as placas se movem lentamente, fazendo com que os continentes mudem, as montanhas subam e os oceanos cresçam ou encolham. Os fósseis nos mostram que as massas de terra eram dispostas de forma muito diferente na pré-história.

A IDADE DOS DINOSSAUROS

As massas de terra foram surgindo lentamente. Quando os dinossauros apareceram, há cerca de 225 milhões de anos (no período Triássico), todos os continentes eram uma massa de terra gigante, ou "supercontinente". Quando os dinossauros desapareceram (no final do período Cretáceo, há 65 milhões de anos), a Terra já havia se dividido em continentes que nos parecem familiares hoje.

O MUNDO MODERNO

A Terra de hoje ainda está mudando. Os continentes ainda estão em movimento, as espécies estão se extinguindo, e novas espécies estão evoluindo.

LINHA DO TEMPO
DA VIDA NA TERRA

Os cientistas dividiram os bilhões de anos de tempo pré-histórico em períodos. Os dinossauros viveram nos períodos Triássico, Cretáceo e Jurássico, enquanto os humanos modernos evoluíram no período Quaternário.

← CAMBRIANO
541-485 maa:
As formas de vida se tornam mais complexas.

↓ SILURIANO
443- 419 maa:
Primeiras criaturas em terra.

↑ PRECAMBRIANO
4,570-541 milhões de anos atrás (maa):
Aparecem as primeiras formas de vida. São criaturas minúsculas e unicelulares.

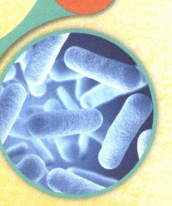

↑ ORDOVICIANO
485-443 maa:
Artrópodes (criaturas com exoesqueleto) governam os mares. As plantas colonizam a Terra.

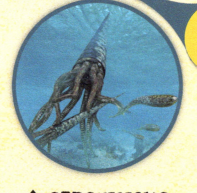

↗ DEVONIANO
419 -359 maa: Primeiro os insetos, agora os peixes dominam os mares.

CRETÁCEO ↘

145-65 maa: O Espinossauro e o T. Rex evoluem. A extinção dos dinossauros.

QUATERNÁRIO ↘

2,6 maa – hoje:
Mamutes enlameados vagam pela Terra, os humanos modernos evoluem.

← PALEÓGENO/ NEÓGENO

65-2.6 maa:
Surgem muitas espécies de mamíferos gigantes

↗ TRIÁSSICO

252-201 maa:
Os primeiros dinossauros.

↑ JURÁSSICO

201-145 maa:
Os maiores dinossauros herbívoros evoluem.

↑ HOJE

← PERMIANO

299-252 maa:
Os primeiros terapsídeos (ancestrais dos mamíferos) evoluem.

← CARBONÍFERO

359-299 maa:
Os répteis aparecem pela primeira vez, vastas florestas cobrem a Terra

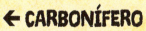

CRIATURAS SUBMERSAS

Os antigos mares estavam repletos de vida milhões de anos antes que os dinossauros habitassem a Terra. As primeiras criaturas a viver nos oceanos eram formas de vida unicelulares. Elas eram seguidas por organismos estranhos e multicelulares. Estes, evoluíram gradualmente para criaturas marinhas de aparência assustadora que se arrastavam, cavavam e caçavam para se alimentar.

MONSTRO DE CINCO OLHOS

A Opabinia, do tamanho de uma palma de uma mão, tinha cinco olhos e vivia em mares cambrianos. Também pode ter passado muito tempo escavando na lama do fundo do mar para caçar minhocas. Sua longa probóscide (um órgão que se estende do rosto) tinha espinhos agarrados.

PREDADOR MÁXIMO

O Anomalocaris, que significa "camarão anormal", era um grande e perigoso predador. Ele procurava presas com seus dois olhos compostos em caules (cada um com milhares de lentes). Com até 2 m de comprimento, teria sido uma visão aterrorizante. A boca era feita de placas esmagadoras que circundavam os dentes de corte. Braços espetados ao redor da boca serviriam para capturar sua presa e para puxá-la para baixo, em sua garganta farpada.

MARES MISTERIOSOS

Entre 635 e 545 milhões de anos atrás, a vida animal desenvolveu-se a partir de formas unicelulares de corpo único, formas multicelulares. Não sabemos muito sobre as primeiras criaturas marinhas. Como elas não tinham conchas duras ou esqueletos, apenas alguns fósseis sobreviveram. Muitos podem ter parecido com bolhas macias, ou similares aos vermes marinhos de hoje, medusas e recintos marinhos.

 DETETIVES do TEMPO

Os fósseis marinhos, geralmente, vêm de criaturas que tinham conchas, esqueletos ou exoesqueletos. Os fundos marinhos antigos são, às vezes, descobertos quando os rios cortam rochas antigas (como no Grand Canyon, EUA). Os cientistas podem calcular a idade dos fósseis pela camada de rocha em que eles são encontrados - quanto mais profundos eles estão enterrados, mais antigos são.

EMERGINDO
PARA A TERRA

Os peixes aventuraram-se lentamente na terra, evoluindo as características do corpo dos anfíbios, tais como pulmões para respirar e quatro pernas para ajudá-los a se mover. Ninguém sabe por que alguns foram para a terra – talvez, para escapar de artrópodes famintos ou, talvez, tenham ficado presos em piscinas que estavam secando.

As primeiras criaturas terrestres parecidas com peixes podem ter despencado em terra no período Devoniano. Elas teriam se arrastado sobre barbatanas adaptadas, como os atuais saltadores do lodo. É verdade, os anfíbios de quatro patas como os Eyrops se desenvolveram mais tarde.

ABERTURA LARGA!

Há cerca de 290 milhões de anos, o Eryops espreitava nas águas - um enorme e robusto anfíbio e um dos principais predadores dos tempos do Permiano. Não tinha dentes mastigadores, mas tinha mandíbulas largas e abertas. Deve ter agarrado sua presa e, talvez, a tenha atirado no ar até morrer, usando dentes especiais no céu de sua boca. Teria, então, engolido a criatura inteira, como um crocodilo.

CAÇADOR NA LAMA

O Ichthyostega viveu antes do Eryops, no final da era Devoniana. Era uma mistura estranha de peixe e anfíbio. Tinha uma barbatana na extremidade da cauda, mas também tinha pernas e ossos dos pés. As patas posteriores eram usadas como pás, e os membros anteriores eram, provavelmente, fortes o suficiente para permitir que se arrastasse para a costa e se agitasse sobre a lama como um saltador de lodo dos tempos modernos. Tinha pulmões que lhe teriam permitido respirar ar por curtos períodos.

 DETETIVES do **TEMPO**

Como as pegadas de barbatanas de peixe e pegadas anfíbias de quatro patas parecem muito diferentes, as pegadas fósseis são uma pista importante para nos ajudar a descobrir quando criaturas surgiram da água pela primeira vez. Pegadas fósseis com dedos dos pés de 395 milhões de anos atrás foram encontradas na Polônia e são consideradas a mais antiga evidência de anfíbios caminhando na terra.

PRIMEIROS RÉPTEIS

PRECURSORES FEROZES

Com o tempo, o clima tornou-se mais seco. As vastas e pantanosas florestas do período Carbonífero desapareceram. Os anfíbios sofreram porque precisavam depositar seus ovos na água. Alguns, porém, evoluíram para répteis, que prosperaram porque podiam pôr seus ovos em terra.

Os primeiros répteis incluíam comedores de peixes com dentes mortais, como o Ofiacodonte. Alguns, como o Dimetrodon, que surgiu mais tarde, tinham velas espetaculares crescendo de suas costas.

DENTE DE COBRA

Ofiacodonte, que significa "dente de cobra", foi um dos primeiros répteis terrestres. Vivia nos tempos do Carbonífero tardio e do Permiano e, provavelmente, passava muito tempo na água, agarrando peixes com sua massa de dentes minúsculos e afiados. Provavelmente, também caçava anfíbios em terra, incluindo seu primo menor comedor de plantas, Edafossauro. Com cerca de 3,4 m de comprimento, o Ofiacodonte era um caçador de topo, com uma poderosa mordida e seus únicos desafiadores eram outros Ofiacodontes.

BARBATANA NAS COSTAS

Dimetrodon era um carnívoro feroz que caçava na terra com suas presas 50 milhões de anos antes do aparecimento dos dinossauros. Era a maior e, provavelmente, a criatura mais agressiva de seu tempo. Ninguém sabe exatamente para que servia a barbatana das costas. Ela poderia ter sido usada para ameaçar os concorrentes e para armazenar o calor do sol para quando fazia frio. Em dias quentes, poderia ter sido usada como um radiador de carro, para esfriar a criatura.

DIMETRODON

Significado do nome:
Duas formas de dentes

Família: Sphenacodontidae

Period: Permiano Primitivo

Tamanho: 1,7 - 4,6 m de comprimento

Peso: até 250 kg

Característica distintiva:
Barbatana grande e fina nas costas

Dieta: Carne e insetos

BARBATANA
Os espinhos cobertos de pele cresceram da espinha dorsal do Dimetrodon para formar uma vela.

MOVIMENTO RÁPIDO
Suas pernas, que se estendem de ambos os lados do corpo, permitiam que ele se movimentasse rapidamente. Os anfíbios e répteis que eram suas vítimas, provavelmente, tinham dificuldade para escapar.

CARNÍVORO
Tinha dois tipos de dentes - afiados e serrilhados. Os dentes serrilhados eram como facas de carne, ideais para rasgar a carne de sua presa.

OS PRIMEIROS DINOS

CAÇADORES FAMINTOS

Os dinossauros evoluíram a partir dos répteis e apareceram pela primeira vez nos tempos do Triássico. Os primeiros dinossauros já apresentavam muitas das características mortais dos carnívoros mais famosos do cinema. Eles tinham garras de dedos curvados, dentes afiados e mandíbulas construídas para segurar as presas que lutavam para escapar.

PRIMEIROS ACHADOS FÓSSEIS

Fósseis dos primeiros dinossauros, como o Eoraptor, foram encontrados na Argentina. Mas, nem todos eles eram predadores do topo da cadeia alimentar - o carnívoro Herrerassauro, por exemplo, pode ter sido a presa de um monstro maior.

ATAQUE AO AMANHECER

Embora fosse um dinossauro primitivo, o Eoraptor, do tamanho de uma raposa, se parecia muito com os dinossauros de caça dos tempos do Jurássico, milhões de anos depois. Ele andava erguido sobre duas pernas e tinha mandíbulas comedoras de carne. Seus dentes eram afiados, pequenos e curvados para trás, portanto, podiam dar uma mordida desagradável. Seu nome significa "saqueador do amanhecer".

LONGOS DENTES

Os Herrerassauros tinham 5 m de altura, com dentes com mais que o dobro do comprimento dos de um humano e ranhuras como uma serra para cortar. Estavam também equipados com garras afiadas na extremidade de suas mãos de três dedos. Uma boa audição pode tê-lo ajudado a encontrar sua presa e, também, a ouvir um agressor que compartilhava os mesmos territórios: um carnívoro gigantesco como um crocodilo chamado Saurosuchus.

OS PRIMEIROS MASTIGADORES DE PLANTAS

Um dos primeiros dinossauros herbívoros foi o Thecodontosaurus, que tinha dentes pequenos e cortantes e andava nas quatro patas. Era tão alto quanto um ser humano adulto e mastigava plantas de baixo crescimento.

ERA DOS DINOSSAUROS

Os dinossauros governaram o mundo durante 150 milhões de anos. A Era dos Dinossauros cobriu os períodos Triássico, Jurássico e Cretáceo, denominados juntos, era Mesozoica.

Os dinossauros variavam de tamanho, de gigante a galinha, e de comedores de carne agressivos a comedores de vegetais gentis e pastores. Nenhuma terra estava a salvo dos dinossauros - seus fósseis foram encontrados em todos os continentes, e eles viviam em habitats variados, de zonas úmidas a planícies áridas abertas, e de costas e lagoas a florestas e desertos.

ASSASSINOS DE MANDÍBULAS DAS CAVERNAS

Os Terópodes eram carnívoros de duas patas, cruéis. Nessa categoria estão incluídos o Giganotossauro e o T. Rex, mostrado aqui. Suas mandíbulas eram enormes, mesmo comparadas com a cabeça de um grande Saurópode como Amargassauro. O Giganotossauro, provavelmente, caçava em bandos e juntos teriam sido capazes de derrubar o poderoso Amargassauro, apesar da cauda defensiva do herbívoro e do espinhoso chicote.

DETETIVES de DINOSSAUROS

Um fóssil completo ou quase completo de um esqueleto de dinossauro é um achado raro, mas importante, por isso tem que ser escavado com cuidado. A posição de cada osso fóssil é registrada antes de ser removida. Os cientistas, então, começam a trabalhar reconstruindo o dinossauro. As peças em falta são preenchidas com gesso.

GIGANTES TERRENOSOS

Os Saurópodes - os animais mais pesados, altos e compridos que já viveram na Terra - viviam de plantas. Suas pernas em forma de tronco de árvore e seus pescoços longos e esticados lhes permitiram alcançar plantas de alto crescimento, e seu tamanho colossal e suas caudas em forma de chicote intimidavam os assassinos que os perseguiam. Os Saurópodes incluíam o Apatossauro, que era quatro vezes mais alto do que uma girafa moderna.

PROTEGIDO POR PLACAS

Os herbívoros desenvolveram maneiras de se proteger dos carnívoros. O Anquilossauro, por exemplo, estava coberto de espessas placas ósseas, assim como espinhos e pregos, para protegê-lo das mordidas de carnívoros famintos. Tinha também um rabo de taco para bater nos caçadores.

EVENTO DA EXTINÇÃO

Há 65 milhões de anos, os dinossauros desapareceram. Muitas outras espécies também desapareceram nesta época, sugerindo que uma catástrofe repentina impossibilitou a sobrevivência de muitos animais. Isto poderia ter sido um asteroide ou cometa, erupções vulcânicas, ou uma combinação de ambos.

NUVENS DE PÓ

Se um meteoro atingisse a Terra, as nuvens de poeira teriam sido tão espessas que teriam bloqueado o Sol durante meses. As temperaturas teriam caído, causando a morte generalizada de florestas e animais.

IMPACTO PROFUNDO!

Alguns cientistas acreditam que os dinossauros morreram depois que um cometa ou asteroide gigante caiu na Terra. Ele teria sido esmagado na crosta terrestre, lançando toneladas de poeira na atmosfera.

VULCÕES VIOLENTOS

Na época em que os dinossauros morreram, havia muita atividade vulcânica no norte da Índia. Estes vulcões emitiram lava por milhares de anos – estima-se que os fluxos de lava tenham coberto uma área com cerca da metade do tamanho da Índia! Os produtos químicos liberados pelas erupções teriam tido um impacto mundial, causando grandes mudanças na atmosfera da Terra. Muitos cientistas acreditam que as erupções vulcânicas estavam matando os dinossauros muito antes da queda de um cometa ou asteroide na Terra.

 # DETETIVES de DINOSSAUROS

A cratera de Chicxulub, no México, mostrada aqui com a impressão de um artista, fornece provas de que ocorreu um grande impacto de meteoros. Esta enorme cratera tem 180 km de largura - pensa-se que o meteoro que a criou tenha tido 10 km de largura!

DEPOIS DOS DINOSSAUROS

MAMÍFEROS GIGANTES

Depois dos dinossauros, os mamíferos cresceram e se tornaram os maiores animais, tanto em terra como no mar. Eles incluíam o temível tigre dente-de-sabre, que pertencia a uma família de criaturas semelhantes a gatos, agora extintas, chamadas Machairodontes.

Muitos mamíferos dos períodos Paleógeno, Neógeno e Quaternário pareciam espécies que estão vivas hoje, mas terrivelmente aumentadas. Alguns, como o tigre dente-de-sabre, viveram até a época em que os humanos haviam evoluído e podem até ter caçado humanos para se alimentar.

SORRISO MORTÍFERO

O tigre dente-de-sabre tinha uma mordida mortal - podia abrir sua boca duas vezes mais larga que um leão dos tempos modernos. Além de seus dentes mordedores, incluindo os dois enormes dentes caninos curvos, ele tinha dentes mastigadores na parte de trás de seus maxilares. Este caçador pode ter saltado das árvores ou do matagal para emboscar suas presas. Ele usaria, então, seu poderoso corpo para lutar com sua vítima até o chão e segurá-la com suas enormes patas dianteiras, pronto para uma mordida precisa e mortal.

CUIDADO COM A CAUDA

Doedicurus era um mamífero incrível do período quaternário que deve ter parecido um pouco com um tatu gigante (e aterrador). Sua casca protetora era coberta de pele e, talvez, peluda. Os machos balançavam suas caudas armadas com espinhos ou pregos uns contra os outros em batalhas de poder. Amassados das caudas foram encontrados nas conchas de alguns machos.

DOEDICURUS
VERSUS
TATU

	DOEDICURUS	TATU
ALTURA	1,5 m	0,3 m
COMPRIMENTO	4 m	1,5 m
PESO	Até 2.370 kg	Até 32 kg
DENTES	Dentes de ranger na parte de trás	80 - 100 dentes em forma de pino
COMIDA	Plantas	Insetos, pequenos animais, plantas, frutas, carniça

DESCENDENTES DOS DINOSSAUROS

As coisas mais próximas aos dinossauros que vivem hoje em dia em nosso planeta são as aves, que descendem de dinossauros carnívoros de duas patas chamados de Terópodes. Os cientistas encontraram a evidência disso quando fizeram uma descoberta incrível - dinossauros fossilizados que tinham penas.

Espécies como o Caudipteryx, que possuía tanto características de dinossauro quanto de aves, mostram a transição gradual de um tipo de animal para o outro. No início, as penas eram apenas para aquecer e exibir, mas depois, através da evolução, começaram a ser usadas para voar também. Talvez, a primeira ave verdadeira tenha sido o Archaeopteryx, cujo fóssil foi descoberto em 1862. Mesmo que o Archaeopteryx fosse mais pássaro do que dinossauro, ele provavelmente só poderia flutuar em vez de voar.

CASACO AVELUDADO

Seu revestimento de penas era para o calor, não para o voo. O revestimento aveludado foi descoberto em fósseis. Pode ter sido marcado com tons e pigmentos, embora não possamos ter certeza, pois estes raramente sobrevivem em fósseis.

PROJETO DE CAUDA

Como as aves de hoje, o Caudipteryx pode ter espalhado suas penas de cauda para atrair companheiros ou afugentar os predadores.

PERNAS DE PÁSSARO

Como um pássaro moderno, o precoce Caudipteryx Cretáceo pode ter se empoleirado em galhos ou usado suas longas pernas para caminhar em lagos ou rios.

SEM VOO

As penas nos braços eram muito curtas e com a forma errada para voar. Elas podem ter sido usadas para manter seus filhotes quentes em seus ninhos.

DINOSSAUROS NA FAZENDA

É claro que não existem realmente dinossauros vivendo em uma fazenda, mas existem semelhanças incríveis entre algumas aves de hoje e os pequenos Terópodes predadores do período Cretáceo. Penas, crânios leves, ossos em seus esqueletos e duas pernas para caminhar são algumas das características compartilhadas.

FEITO PARA VOAR

Com dentes afiados e uma cauda óssea, Archaeopteryx era semelhante a um Terópode. No entanto, também tinha penas e asas que lhe permitiam voar, embora não tão bem quanto a maioria das aves de hoje. Para voar, provavelmente, ele se lançava das árvores ou das rochas.

DINOSSAUROS ASSASSINOS

Visto aqui caçando em uma poça d'água, o terrível T. Rex (pág.28-29) foi um dos maiores predadores de sua época.

Os dinossauros assassinos - os carnívoros - estavam entre os animais mais mortíferos que já perambularam por este planeta. Eles tomaram muitas formas, desde os gigantescos Terópodes, com suas mandíbulas esmagadoras de ossos e seus dentes carnívoros, até os pequenos, porém fugazes Raptores, com suas mãos agarradas e garras cortantes.

Os carnívoros usaram muitos métodos diferentes para capturar e matar suas presas. Alguns caçavam sozinhos, enquanto outros trabalhavam em bandos. Alguns tinham poderosos bicos desdentados, enquanto outros tinham dentes afiados. Alguns usavam velocidade, enquanto outros dependiam de enorme força muscular, pontapés mortais ou mordidas superdimensionadas.

INTELIGENTE E MORTÍFERO

Os dinossauros carnívoros, como o Alossauro mostrado na foto à esquerda, tinham boa visão, um olfato aguçado e um grande cérebro para planejar estratégias de caça. Ele também tinha pernas longas e fortes para correr rápido e alcançar suas presas. Talvez, o maior carnívoro de todos fosse o Espinossauro, com cerca de 18 m de comprimento. O menor, provavelmente, era o Hesperonychus, com apenas 1 m de comprimento.

LAGARTO TIRANO

Tiranossauro Rex significa "lagarto tirano". Esta criatura aterrorizante era um dos mais fortes e maiores predadores de dinossauros, caçando na Terra na última parte do período Cretáceo. Cresceu até 12 m de comprimento e só suas mandíbulas tinham 1,4 m de comprimento e estavam cheias de dentes ferozes do tamanho de grandes punhais.

Por causa de seus pequenos braços estranhamente fracos, alguns cientistas pensam que o T. Rex se alimentava de carniça em vez de presas vivas. Mas, outros dizem que ele teria precisado mais do que carcaças para satisfazer sua fome e que seus olhos voltados para a frente foram projetados para detectar e julgar a distância da presa em movimento rápido.

MÚSCULOS PODEROSOS

Os músculos volumosos deram a este monstro uma força incrível e pernas suficientemente fortes para carregar seu enorme peso corporal de 4.500 kg. Como um elefante, ele provavelmente poderia andar rápido, mas seu peso teria dificultado a corrida.

 ## DETETIVES de DINOSSAUROS

Os fósseis das mandíbulas do T. Rex mostram como ele tinha uma mordida muito larga. Havia uma articulação extra da mandíbula, de modo que, como uma cobra, o T. Rex podia quase deslocar suas mandíbulas. Isto teria permitido que sua boca se abrisse extraordinariamente larga. A força e a espessura dos ossos do crânio sugerem que ele tinha músculos poderosos da mandíbula, suficientemente fortes para esmagar os ossos.

DENTES DE NAVALHA

Os dentes frontais pontiagudos foram projetados para agarrar e perfurar a pele grossa, enquanto os dentes traseiros tinham forma de lâmina para serrar os ossos, a carne e os músculos.

MORDIDA LETAL

Uma marca de mordida de T. Rex no fóssil de um dinossauro de bico de pato foi usada para calcular o poder de sua mordida. Os cientistas estimam uma força de mordida de 1.365 kg, mais de três vezes que a de um leão africano. Em vez de lutar contra sua presa, o objetivo do T. Rex teria sido aleijá-lo com uma mordida. Uma vez que sua presa tivesse caído, as mandíbulas trituradoras de ossos poderiam então terminar o abate.

PEQUENOS BRAÇOS

Embora um caçador, o Tiranossauro Rex tinha braços pequenos e fracos, e mãos com dois dedos que nem sequer chegariam à boca! Talvez, estes braços fossem usados para firmar seu vasto corpo enquanto se levantava.

GIGANTES ESFOMEADOS

O Giganotossauro era definitivamente gigantesco - esta fera era tão pesada quanto um caminhão e, com 13 m, era mais longo que um T. Rex. Este dinossauro assassino vivia nas planícies da América do Sul. Ele, provavelmente, caçava Titanossauros gigantes comedores de plantas.

DESCOBERTA ESTONTEANTE

Durante cem anos, o Tiranossauro Rex foi o maior predador conhecido, mas em 1993 foi descoberto um ainda maior. Chamado Giganotossauro, ele tem as mandíbulas mais longas já encontradas, medindo 1,8 m - mais longas do que a altura de muitos humanos adultos! Ele viveu cerca de 30 milhões de anos antes do T. Rex e tinha três dedos em cada mão - melhor para agarrar do que os dois do T. Rex. Sua mordida era menos poderosa, mas seus dentes cortantes em forma de lâmina podiam facilmente cortar a pele e o osso.

PARES MATADORES

O Giganotossauro não tinha medo de caçar criaturas muito maiores do que ele mesmo e era, provavelmente, o único predador do Argentinossauro, que era três vezes mais alto. Os cientistas acreditam que o Giganotossauro pode ter caçado em pares ou grupos de seis ou mais, usando suas poderosas mandíbulas para morder as pernas dos Saurópodes de movimento lento até que eles enfraquecessem por sangramento e caíssem. O grupo do Giganotossauro se movimentava então para rasgar a carne e consumir a carcaça.

ESTATÍSTICAS VITAIS

GIGANOTOSSAURO

Significado do nome:
Lagarto gigante do Sul

Família: Allosauridae

Período: Cretáceo tardio

Tamanho: 7 m de altura; 13 m de comprimento

Peso: 7.300 kg

Dieta: Carne

FOME ENORME

Uma morte de Saurópodes, provavelmente, poderia ter satisfeito a fome de um Giganotossauro por algumas semanas. Não teria havido concorrência de outros caçadores que comem carne por causa do tamanho e do poder do Giganotossauro. Os predadores gigantes também podem ter sido surpreendentemente rápidos. Os cientistas estimam que eles poderiam ter atingido velocidades de até 50 km/h.

UTAHRAPTOR

PERVERSOS CAÇADORES EM GRUPO

O Utahraptor era um caçador inteligente, ágil e rápido. Tinha uma cauda rígida para ajudá-lo a manter-se equilibrado à medida que se espalhava sobre suas presas. Tão pesado quanto um grande urso, era o maior dos Dromaeosauros ou "lagarto corredor" (também chamado de raptor).

MORDIDA RÁPIDA

As poderosas mandíbulas do Utahraptor estavam abarrotadas de dentes afiados, que ele costumava usar para morder e agarrar sua presa depois de puxá-la para baixo com suas garras

QUEM VOCÊ CHAMA DE GALINHA?

Os fósseis mostram uma estrutura óssea semelhante à de uma galinha, e os cientistas acreditam que ele também estava coberto de penas. Apesar das penas, ele não podia voar e qualquer cobertura de penas teria sido para aquecer, ou para se mostrar para atrair um companheiro.

GARRAS ASSASSINAS

As garras em forma de foice do Utahraptor foram suas armas premiadas. Ele as levantava do chão enquanto corria. As lâminas de 35 cm de comprimento podiam rasgar suas presas ou se agarrar como grampos de escalada. Com um chute poderoso, a garra poderia derrubar outro dinossauro, muitas vezes, matando-o instantaneamente.

TÁTICAS DE AÇÃO

Como lobos, os Utahraptores perseguiam suas presas em bandos. Trabalhando juntos, eles poderiam ter derrubado até grandes Saurópodes. Eles se agarravam aos corpos de suas presas, mordendo e rasgando até que suas vítimas estivessem exaustas.

UTAHRAPTOR VERSUS LOBO

Como se medem estes caçadores em grupo?

	UTAHRAPTOR	LOBO
ALTURA	3 m	0,85 m
PESO	1.000 kg	60 kg
VELOCIDADE	30 km/h	55-70 km/h
FORÇA DA MORDIDA	460 kg	66 kg
VISÃO	Excelente	Muito boa

CORREDORES COM FOICE

O Utahraptor pertencia a uma família de dinossauros chamados Dromaeosaurídeos. Velocidade, agilidade, boa visão e - acima de tudo - armas afiadas fizeram deles um dos grupos mais mortíferos de predadores. Embora seus corpos parecessem aves, eles tinham pernas poderosas para correr em alta velocidade, e caudas rígidas para ajudar no equilíbrio enquanto chutavam e cortavam com as unhas dos pés em forma de foice.

GARRAS TEMÍVEIS

Como parte de um grupo chamado maniraptora ("mãos agarradoras") os Dromaeosaurídeos tinham mãos fortes e agarradoras, muitas vezes, com as temíveis garras de dedos. Os cientistas acreditam que, em relação ao seu peso corporal, os Dromaeosaurídeos tinham os maiores cérebros de todos os dinossauros, e por isso estavam entre os mais inteligentes.

"GARRA TERRÍVEL"

Deinonico significa "garra terrível" e sua garra em forma de foice era tão afiada quanto um cutelo de carne. Seus olhos podiam olhar para frente, dando visão binocular, para que pudesse avaliar a distância da presa com mais precisão e julgar o ponto em que estava perto o suficiente para chutar, agarrar ou pular para um ataque preciso. Seus dentes de serra curvos mordiam e rasgavam a carne dos ossos de sua presa. Um estudo de Deinonico levou os cientistas a acreditarem que, provavelmente, era de sangue quente, então, sua cobertura de penas era necessária para manter sua temperatura - ao contrário de criaturas de sangue frio, que não precisavam do isolamento.

DETETIVES de DINOSSAUROS

As pegadas fósseis ajudam os cientistas a descobrir quão grande era um dinossauro. Elas são ainda mais úteis pois mostram como os dinossauros se comportavam. A distância entre as pegadas mostra quão rápido o animal estava se movendo. Fósseis mostrando uma mistura de pegadas grandes e pequenas indicam que o dinossauro vivia em rebanhos.

NA PONTA DOS PÉS

O Velociraptor levantava seu segundo dedo do pé quando caminhava para que a garra não tocasse o chão, para evitar que ela ficasse desgastada. Quando o Velociraptor atacava, ele usava seu poderoso chute para apunhalar a garra afiada em sua presa.

NO MEIO DA BATALHA

O uso da garra em forma de foice como arma mortal foi provado por um achado fóssil: a segunda garra do dedo do pé de um Velociraptor foi encontrada presa às costelas de um Protoceratope. O herbívoro do tamanho de uma ovelha estava claramente tentando lutar contra o Velociraptor quando ambos morreram subitamente no meio da batalha, talvez, em um deslizamento de terra.

CARNOTAURO

"TOURO CARNÍVORO"

Carnotauro significa "touro carnívoro". Com dois chifres e um corpo poderoso e volumoso, este Terópode certamente tinha uma aparência de touro. Tinha uma visão frontal de caçador e pernas que podiam perseguir as presas em alta velocidade. Menos poderosos eram seus braços pequenos e intrigantes, cada um com quatro dedos. Tinha também dentes e músculos da mandíbula fracos.

O Carnotauro não tinha uma mordida poderosa (apenas 340 kg - muito mais fraca que a do T. Rex, de 1.360 kg). Entretanto, ele tinha os músculos para morder a cabeça de sua presa. Seu crânio incomum era composto de partes móveis separadas, de modo que podia absorver mais pressão durante as cabeçadas ou mordidas.

CHEIRO DE CARNE FRESCA

O Carnotauro, provavelmente, seguia seu nariz para encontrar suas presas. Seu crânio profundo tinha um buraco especialmente grande na frente das órbitas, sugerindo que o olfato do dinossauro estava acima da média para um caçador. Ele, provavelmente, perseguia sua presa seguindo seu cheiro.

LUTA DE CHIFRES

Os chifres de Carnotauro ficavam de lado, logo acima dos olhos, e podem ter sido usados em lutas entre machos. Eles também podem ter sido usados para ajudar a nocautear suas presas, ou para exibição na época do acasalamento. Seu pescoço forte teria dado ao Carnotauro um poder colossal se ele tivesse que matar um rival. Para proteção extra em lutas ou ataques, o Carnotauro tinha uma pele de seixos, como lagartixa, com grumos maiores pelas costas.

ESTATÍSTICAS VITAIS

CARNOTAURO

Significado do nome:
Touro carnívoro

Família: Abelisauridae

Período: Cretáceo Médio

Tamanho: 3 m de altura; 7,5 m de comprimento

Peso: 1.000 kg

Dieta: Carne

TROODONTE

RASTREADOR NOTURNO

O Troodonte tinha um corpo que era semelhante ao de um avestruz, mas ao contrário de qualquer avestruz que vive hoje, era um assassino. Estima-se que este carnívoro tenha tido mais de 100 dentes, todos afiados e triangulares com bordas serrilhadas para corte.

Foram encontrados dentes de Troodonte perto de fósseis de Hadrossauros bebês, sugerindo que eles gostavam de atacar filhotes vulneráveis. Troodonte significa "dente acidentado" e recebeu o nome de um único dente pontiagudo de uma descoberta precoce.

INTELIGÊNCIA

O Troodonte tinha um cérebro invulgarmente grande em comparação com seu peso corporal, tornando-o um dos dinossauros mais inteligentes.

DEDOS MATADORES

Pernas longas significavam um longo passo, então o Troodonte, provavelmente, poderia correr rápido. No final de cada segundo dedo do pé havia uma garra curva, que poderia ter causado sérios danos a qualquer criatura que estivesse perseguindo.

GARRAS AFIADAS

As mãos de Troodonte podiam se encontrar palma a palma, para que eles pudessem apertar firmemente as pequenas presas vivas.

VISÃO NOTURNA

Os olhos grandes e voltados para a frente deram visão binocular ao Troodonte e, também, podem ter permitido caçar com pouca luz, como ao anoitecer, ou mesmo à noite, como um gato. Uma matilha de Troodontes teria sido capaz de abater presas muito maiores do que ela mesma.

TROODONTE VERSUS GATO DOMÉSTICO

Como esses caçadores noturnos se medem?

	TROODONTE	GATO DOMÉSTICO
ALTURA	1 m	0,20-0,25 m
PESO	45 kg	3-4 kg
VELOCIDADE	40 km/h	48 km/h
NÚMERO DE DENTES	100+	30
VISÃO	Excelente	Excelente

DENTES ATERRORIZANTES

Os dentes dos dinossauros eram mais duros que os ossos, por isso, eram mais frequentemente preservados como fósseis. Os cientistas podem trabalhar muito a partir de dentes fossilizados, como por exemplo o que os dinossauros comiam.

COMEDOR MASSIVO

O Alossauro, um predador de 3 toneladas que viveu nos tempos jurássicos, tinha dentes com bordas serrilhadas para serrar a carne. Os dentes tinham 5-10 cm de comprimento e relativamente pequenos para um predador, mas eram pontiagudos e curvados para trás - perfeitos para arrancar pedaços gigantescos da carne de suas vítimas. Foram encontradas marcas de mordidas de Alossauro na espinha dorsal de um Apatossauro, um enorme Saurópode, e no osso do pescoço do Estegossauro - prova da mortandade de seus dentes. Se algum dente se rompia ou se desgastava, ele era descartado, e novos dentes cresciam em seu lugar, então, o Alossauro nunca estava sem sua mordida letal.

JOGO DE ESPERA

Alguns cientistas acreditam que predadores como o Alossauro teriam usado seus dentes para desnudar a carne de presas ainda vivas. Em vez de atacá-la de frente e arriscar ferimentos, eles esperavam que sua vítima sangrasse lentamente até a morte.

TIPOS DE DENTES

Podemos identificar os herbívoros por seus dentes de espigão ou bicos afiados, mas desdentados, que eram usados para pastar. Os comedores de carne e peixe tinham dentes terríveis - fortes e afiados para agarrar e capturar suas presas, para rasgar a carne e esmagar os ossos.

MORDIDA VENENOSA

Alguns cientistas sugeriram que o Sinornithosaurus usava suas presas curvadas, como presas de cobra, para injetar veneno em suas vítimas. Este dinossauro em forma de ave, embora não seja maior que um peru, pode ter matado presas maiores que ele, derrubando-as primeiro com sua mordida venenosa.

DETETIVES de DINOSSAUROS

Podemos descobrir quão poderosa era a mordida de um dinossauro pelo tamanho e forma de seus fósseis de dentes, e fazendo reconstruções de suas mandíbulas para mostrar seus músculos e seu provável poder. Marcas de dentes nos fósseis de uma vítima podem ser pistas úteis para a força da mordida, mas não provam se ela matou a vítima, pois ela já podia estar morta e o dinossauro estava se alimentando de sua carcaça.

BARYONYX

CAÇADOR DE PEIXES

Embora ligeiramente menor que seu famoso parente Espinossauro, o Baryonyx não era menos mortal. É um dos poucos dinossauros caçadores de peixes até agora descobertos, mas tinha as armas letais necessárias para garantir seu sucesso.

Alguns cientistas sugerem que embora o Baryonyx fosse um animal terrestre, ele também nadava em rios e lagos, caçando a partir da superfície da água. Pode também ter pescado peixes da linha costeira, como um crocodilo. Pensava-se que tinha comido apenas peixes até que as espinhas de um Iguanodonte foram encontradas no estômago de um de seus fósseis. Portanto, provavelmente, aproveitou todas as oportunidades para pegar qualquer tipo de refeição de carne.

ESTATÍSTICAS VITAIS

BARYONYX

Significado do nome: Garra pesada

Família: Spinosauridae

Período: Cretáceo Antigo

Tamanho: 2,5 m de altura; 10 m de comprimento

Peso: 1.800 kg

Dieta: Peixe e carne

UM ESTÔMAGO CHEIO

Restos fósseis de escamas de peixe, espinhas de peixe e espinhas de Iguanodonte parcialmente digeridas encontradas no estômago de um Baryonyx mostram sua dieta alimentar.

GAIOLA DE DENTES

Seus 96 dentes longos e pontiagudos foram projetados para capturar e agarrar peixes. Um mergulho em sua mandíbula inferior pode ter ajudado a manter apertado qualquer peixe escorregadio e em dificuldades também.

LADRÃO DE PEIXE

O Baryonyx tinha mandíbulas longas como as de crocodilo e que podiam ser mergulhadas na água para capturar peixes. Como um crocodilo, ele pode ter usado a ponta de suas mandíbulas para sentir qualquer movimento na água e assim ser capaz de abrir sua boca a tempo de capturar qualquer presa que passasse.

ENORMES GARRAS

O nome Baryonyx significa "garra enorme" e se refere às garras de 0,3 m de comprimento em seus polegares. Ele pode ter usado as garras como espetos ou facas, para apunhalar e rasgar o peixe que havia capturado, tornando-o pronto para comer. Seus dentes eram muito pontiagudos para fazer o trabalho - projetados para capturar, não para esmagar ou mastigar.

BANDOS E FAMÍLIAS

Os predadores nem sempre caçavam ou viviam sozinhos. Alguns, como o Velociraptor, podem ter andado por aí e caçado em bandos.

FORÇA EM NÚMEROS

Os Protoceratopes teriam vivido em grandes rebanhos para proteção. Entretanto, se um animal jovem, doente ou velho fosse separado dos outros, poderia se tornar um alvo para predadores, como estes Velociraptores. Os chifres dos Protoceratopes poderiam, talvez, ajudar, mas contra um grupo esse atacante teria pouca chance.

TRABALHO EM EQUIPE

Trabalhando juntos, um bando de Velociraptores teria feito um trabalho rápido em um Protoceratopes solitário. Como uma tática moderna de leões, os predadores teriam cooperado para derrubar suas presas. Um teria atacado a cabeça com chifres, enquanto outro teria ido para a retaguarda desprotegida da criatura.

PROTEÇÃO DA FAMÍLIA

Mesmo os dinossauros mais poderosos, como o Alossauro (mostrado aqui), eram vulneráveis aos predadores quando jovens. Portanto, o Alossauro se aninhava em grupos, provavelmente para proteção compartilhada. Em um local de nidificação do Alossauro, os cientistas encontraram ossos fósseis de diferentes criaturas envelhecidas, desde filhotes até adultos idosos. No entanto, não havia adultos jovens, então, talvez, tenham sido considerados fortes o suficiente para se defenderem por si mesmos. Ossos fósseis de Hadrossauros com marcas de mordidas de Alossauros também foram encontrados lá, indicando que eles eram a fonte de alimento das famílias.

DETETIVES de DINOSSAUROS

Sabemos que um dinossauro carnívoro chamado Albertossauro se movia em bandos porque os ossos fósseis de 26 Albertossauros foram descobertos em uma área do Canadá. Os dinossauros eram de idades diferentes, de 2 a 23 anos. Quarenta Alossauros também foram encontrados em uma área de Utah, EUA. Eles podem ter morrido enquanto estavam presos na lama - junto com os dinossauros que estavam caçando.

DEFENSORES DOS DINOS

Um Anquilossauro balança sua pesada cauda para se defender de um grupo de Albertossauros famintos.

A era dos dinossauros foi uma época violenta, com batalhas selvagens entre caçadores carnívoros e defensores herbívoros. Assim como os dinossauros carnívoros tinham características matadoras, os herbívoros tinham características defensivas, incluindo chapa protetora, espigões, chifres e caudas poderosas e oscilantes.

Alguns dinossauros buscavam segurança em números, vivendo em rebanhos, assim como os animais de pasto dos tempos modernos. A pele padronizada pode ter ajudado na camuflagem, e o tamanho de alguns Saurópodes teria evitado até mesmo os caçadores mais agressivos.

CORRIDA ARMAMENTISTA

Ao longo da história dos dinossauros, predadores e presas foram aprisionados em uma corrida armamentista, com espécies evoluindo as formas de atacar e se defender. Como os carnívoros se tornaram maiores, mais fortes e mais ferozes, com dentes mais longos e garras mais poderosas, os herbívoros também desenvolveram maneiras para evitar se tornar uma refeição. A pele ficou mais espessa, os corpos maiores, as caudas mais poderosas, e os chifres mais longos e afiados. O resultado foi o desenvolvimento de algumas das criaturas mais temidas e protegidas caminhando pelo planeta.

TANQUE ANDANTE

O herbívoro Anquilossauro, provavelmente, teria lutado bastante contra os caçadores agressivos, Albertossauros. O Anquilossauro estava coberto por um grosso escudo de espinhos ósseos. Grandes placas protegiam sua cabeça e pescoço, e até mesmo suas pálpebras. Quatro chifres na parte de trás de sua cabeça os protegiam de mordidas. Sua cauda em forma de taco era uma arma defensiva que podia ser balançada contra um predador que se aproximava. Para ter uma chance de uma boa mordida, o Albertossauro teria que virar o Anquilossauro e atacá-lo por baixo.

TRICERÁTOPO

LUTADOR COM CHIFRE NA CARA

Mesmo o temível T. Rex teria achado os sistemas defensivos do Tricerátopo difíceis de penetrar. O Tricerátopo era um dos enormes dinossauros de quatro pés que pastava no final do Cretáceo, e tinha que se defender de alguns dos caçadores mais agressivos que habitavam a Terra.

CARA DE TRÊS CHIFRES

O nome Tricerátopo significa "cara de três chifres". Sua enorme cabeça tinha um terço do comprimento de seu corpo. Os dois chifres, um acima de cada olho, tinham cerca de 1 m de comprimento.

Como um rinoceronte gigante, o Tricerátopo era o maior dos Ceratopsianos com chifres e couraças.

COLAR COM ESPINHOS

A placa do pescoço, chamada de "couraça", era enorme e sólida, e com arestas de osso para proteção. A couraça pode ter sido modelada para atrair um companheiro, pois o animal podia baixar a cabeça para exibir a couraça - como um pavão exibindo suas penas.

DENTES ESMAGADORES

Os dentes de Tricerátopo foram moldados para esmagar a vegetação. Ao invés de mastigar, ele apenas esmagava, depois engolia.

BRIGA!

Se o Tricerátopo sentia perigo ou competição de outro macho na época de reprodução, ele podia baixar sua cabeça como um rinoceronte ou um touro e lutar. Com seu peso corporal do tamanho de um caminhão, os chifres afiados teriam sido armas mortais. Apenas a visão dos chifres de um Tricerátopo e de uma enorme couraça poderia ter sido suficiente para afugentar um predador.

TRICERÁTOPO VERSUS RINOCERONTE

	TRICERÁTOPO	RINOCERONTE
ALTURA	3 m	1,5 m
COMPRIMENTO	8 m	4 m
PESO	5.400–10.800 kg	3.600 kg
VELOCIDADE	Até 26 km/h	55 km/h
NÚMERO DE DENTES	400–800	24–34
CHIFRES	3 chifres, 1 m	2 chifres, o maior até 1,5 m

COURAÇAS ASSUSTADORAS

Uma variedade bizarra de chifres de aparência agressiva e estranhas placas de pescoço, ou couraças, foram encontrados nos fortemente defendidos Ceratopsianos. Uma manada de Estiracossauros ou Centrossauros teria afugentado a maioria dos predadores. Outra tática defensiva pode ter sido a de cercar o agressor e fechá-lo lentamente.

Nem todos os encouraçados Ceratopsianos eram grandes, então, alguns cientistas pensam que não eram para proteção, mas para exibição, e uma forma de reconhecer os membros do mesmo rebanho. Couraças com padrões brilhantes teriam facilitado a identificação de qualquer concorrente que estivesse invadindo seu território. Outros cientistas acreditam que as couraças não eram usadas para o espetáculo, mas para ajudar a regular a temperatura do corpo das criaturas. É claro que é possível que elas tivessem mais de um uso.

ESPINHOSOS

O Estiracossauros tinha uma horrível variedade de espinhos e chifres. Além de um enorme corno no nariz, tinha até oito pontas que saíam de sua couraça no pescoço e um chifre saliente em cada bochecha. Há algumas evidências de que o jovem Estiracossauro tinha mais dois chifres, um acima de cada olho, que caíam quando ele ficava adulto.

MONSTRO LEVE

As couraças do pescoço de Ceratopsiano devem ter sido pesadas, mas os Centrossauros tinham dois grandes furos na estrutura óssea coberta pela pele, tornando-a mais leve. Talvez, tenha sido mais importante para este dinossauro que dois de seus chifres parecessem inúteis - eles apontavam para baixo e não para fora. Entretanto, o longo chifre do nariz poderia ter causado alguns danos em uma batalha de batida de cabeça. A vulnerabilidade da couraça furada sugere que era para exibição e para dissuadir, em vez de proteção. Face a face, a couraça teria feito a cabeça do Centrossauro parecer maior do que realmente era para os caçadores em avanço.

 ## DETETIVES de DINOSSAUROS

Os caçadores de dinossauros fazem a maior parte de seu trabalho com ossos fossilizados, embora, ocasionalmente, sejam encontradas outras partes. Esta é uma impressão de pele de um Ceratoposiano. Mostra que a pele era formada por pequenas placas semelhantes às de um crocodilo.

PAQUICEFALOSSAUROS

ATAQUES CABEÇUDOS

Os Paquicefalossauros eram herbívoros de duas pernas, às vezes, apelidados de "cabeças de osso". É possível que eles tenham dado cabeçadas uns nos outros como cabras em brigas por território ou companheiros. Esta tática estranha era possível porque eles tinham uma camada de osso sólida e grossa sobre o topo da cabeça, como capacetes de choque.

Alguns cientistas argumentam que as cúpulas devem ter sido para exibição, não para proteção, pois não teriam sido fortes o suficiente para resistir em confrontos com outra cabeça ou corpo ossudo. O mais conhecido dos "cabeças de osso" a partir de evidências fósseis é o Estegoceras.

BATEDOR DE CABEÇA
Os Estegoceras podem ter usado a cabeça para bater nos adversários de lado em vez de completamente de frente, a fim de evitar lesões graves.

TIARA FARPADA
Uma couraça de calombos e chifres rodeava a cabeça abobadada como uma coroa. Isto pode ter sido para exibição, para uma proteção extra ou para causar mais danos quando a criatura golpeava sua cabeça contra o inimigo.

ABSORÇÃO DE CHOQUE
Os cientistas calcularam que a espinha dorsal e o pescoço do Estegoceras eram suficientemente fortes para aguentar o choque de uma colisão se ele batesse com a cabeça de um opositor.

CABEÇA GROSSA

Paquicefalossauro significa "lagarto de cabeça grossa", e é bem denominado - sua cúpula tinha cerca de 20 cm de espessura. Com 6 m de altura, era um gigante entre os Paquicefalossauros. Seus três tipos de dentes sugerem que, provavelmente, se alimentava de plantas, frutas e insetos.

 # DETETIVES de DINOSSAUROS

Uma coroa alta em forma de chifre pode ter crescido da cúpula em Paquicefalossauros como um estranho tipo de chapéu de feiticeiro. Evidências de vasos sanguíneos nas cúpulas ósseas sugerem esta possibilidade. Se for o caso, provavelmente, estava lá para exibição.

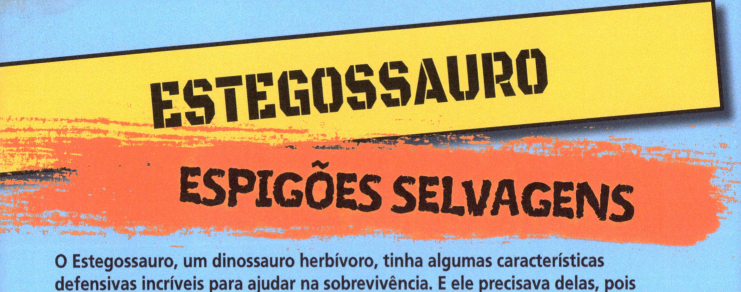

ESTEGOSSAURO

ESPIGÕES SELVAGENS

O Estegossauro, um dinossauro herbívoro, tinha algumas características defensivas incríveis para ajudar na sobrevivência. E ele precisava delas, pois vivia entre alguns dos maiores e mais perigosos caçadores do Jurássico, incluindo o Alossauro e o Ceratossauro.

PESCOÇO ESPINHOSO

O pescoço e a garganta estão entre as partes mais vulneráveis do corpo quando se trata de uma mordida mortal. O Estegossauro tinha espigões ósseos para proteger esta área.

LAGARTO COM TETO

O nome Estegossauro significa "lagarto com teto" e isto se refere a suas placas posteriores. Tinha 17 placas no total e a maior tinha cerca de 76 cm de altura. As placas podem ter se tornado mais brilhantes na época do acasalamento para atrair as companheiras.

PICADA EM SUA CAUDA

Dois pares de espinhos em forma de espigões colados lateralmente a partir do final de sua cauda - uma perigosa arma defensiva que poderia balançar na direção de qualquer caçador que se aproximasse demais.

CORPO ESPINHOSO

O Estegossauro é bem conhecido pelos espigões em forma de placa que ficam em suas costas. Mas, também possuía espinhos no corpo para proteção extra. Suas pernas traseiras eram mais compridas do que as dianteiras, o que significava que ele podia virar bem rápido e bater a cauda em uma criatura indesejável.

CÉREBRO MINÚSCULO

O cérebro do Estegossauro era do tamanho de um cão moderno, tornando-o o menor cérebro em comparação ao tamanho do corpo de qualquer dinossauro. Mas, o que lhe faltava em inteligência era compensado de outras formas. Os cientistas acreditam que ele tinha bochechas - uma característica relativamente rara nos dinossauros - ajudando este comedor de plantas a mastigar seu alimento adequadamente.

MISTÉRIO DA PLACA NAS COSTAS

Há algumas evidências de que as bases das placas posteriores eram musculosas e o Estegossauro podia torcê-las na direção dos predadores. Ninguém sabe ao certo se as placas estavam cobertas por chifres e se eram para proteção, ou cobertas de pele e usadas para regular a temperatura do Estegossauro. Se estivessem cobertas de pele, o sangue nas placas seria aquecido ao Sol, então se espalharia para o resto do corpo quando o Sol desaparecesse no final do dia. Se o dinossauro estivesse muito quente, as placas poderiam ser usadas para liberar o calor excessivo do corpo.

ESTATÍSTICAS VITAIS

ESTEGOSSAURO

Significado do nome: Lagarto com teto

Família: Stegosauridae

Período: Jurássico tardio

Tamanho: 4 m de altura; 9 m de comprimento

Peso: 1.800 kg

Dieta: Plantas

ANQUILOSSAURO

DEMÔNIOS DEFENSIVOS

Os Anquilossauros eram herbívoros volumosos com uma incrível variedade de espigões defensivos, placas e porrete na cauda. Todos eles tinham espessas placas sobre as costas e espigões de aspecto assustadores que se destacavam pelos lados do corpo.

BASTÃO AMEAÇADOR

Como um bastão de cavaleiro, o botão ósseo na extremidade da cauda do Anquilossauro podia ser balançado para ameaçar os carnívoros. Ossos longos e músculos poderosos em sua cauda lhe davam um poder devastador. As evidências sugerem que com um balanço desta cauda, o Anquilossauro poderia esmagar os ossos de qualquer dinossauro atacante.

CHAPA PROTETORA

A chapa teria protegido suas costas, pescoço e ombros. Os botões espinhosos teriam tornado difícil para um agressor se aproximar o suficiente para virar o monstro pesado e atacar sua barriga inferior mais macia.

PÁLPEBRAS DE OSSOS

Até mesmo os olhos do Anquilossauro estavam protegidos. Suas pálpebras, assim como o resto de sua cabeça, eram protegidas por um capacete de placas ósseas fundidas (daí seu nome, que significa "lagarto fundido").

PORRETES MORTAIS

Os primeiros Anquilossauros do Cretáceo, como o Gastonia, eram pequenos, mas no final do Cretáceo, os Anquilossauros enfrentavam ameaças de carnívoros poderosos, como Albertossauro. Eles se tornaram maiores e mais pesados, com revestimento defensivo e porretes mortíferos nas extremidades de suas caudas.

ESTATÍSTICAS VITAIS

ANQUILOSSAURO

Significado do nome: Lagarto fundido

Família: Ankylosauridae

Período: Cretáceo tardio

Tamanho: 1,7 m de altura; 6,25 - 11 m de comprimento

Peso: Até 5.900 kg

Dieta: Plantas

CAUDA LAMINADA

O Gastonia pode ter sido atormentado pelo ágil e afiado caçador Utahraptor, pois eles viviam na mesma parte da América do Norte. Mas o Gastonia tinha uma chapa grossa protegendo seu pescoço, suas costas e cauda. E tinha um conjunto de espigões na cauda que teriam cortado através do ar como uma faca e causado sérios danos a qualquer Utahraptor que se aproximasse demais.

HADROSSAURO

BICOS DE PATOS ENSURDECEDORES

Os Hadrossauros eram dinossauros de bico de pato com cristas ocas e enormes em suas cabeças. Tipos diferentes tinham cristas de formas diferentes, e algumas pareciam muito bizarras. Parece provável que tenham sido usadas como alarme.

Muitos cientistas pensam que as cristas teriam sido usadas para fazer chamadas de acasalamento, para atrair outros Hadrossauros durante a época de acasalamento. Variando a quantidade de ar soprado através dos tubos ocos em sua crista, um Hadrossauro poderia aumentar ou diminuir o volume da chamada.

AVISO!

O alarme de buzina de Parassaurolofo alertaria outros em seu rebanho para fugir ou para se reunir para proteção. Embora passassem a maior parte de seu tempo em quatro pernas, eles poderiam correr em duas pernas por curtos períodos quando perseguidos por predadores.

HORA DO SHOW

A crista curvada da cabeça pode ter sido marcada de forma brilhante, seja para alertar os atacantes ou para atrair um companheiro. Os machos e as fêmeas, provavelmente, tinham cristas de tamanhos diferentes, com as maiores nos machos.

DESLIZANDO PELAS FLORESTAS

Ao manter a cabeça erguida, a parte de trás da crista do Parassaurolofo poderia ter descansado sobre suas costas, criando uma forma suave e aerodinâmica. Isto teria ajudado-o a atravessar rapidamente e silenciosamente o matagal grosso. O Parassaurolofo teria encontrado maior segurança em um rebanho, ainda mais se eles pudessem se mover sem fazer muito barulho.

LAGARTO DE CAPACETE

A crista do Coritossauro tinha o formato de meia placa. Isto explica seu nome, que significa "lagarto de capacete coríntio". Sua crista se parece um pouco com o capacete usado pelos antigos gregos de Corinto. O Coritossauro também tinha proteção sob seu corpo na forma de três filas de escamas. Estas podem ter sido usadas pelo Coritossauro para se defender contra ferimentos de plantas espinhosas na mata.

 # DETETIVES de DINOSSAUROS

O conjunto de tubos ocos curvos na crista de Parassaurolofo eram conectados às narinas. Ao estudar o fluxo de ar através desses tubos, os cientistas descobriram que o Parassaurolofo poderia ter feito um barulho de trombeta alto e profundo quando espirrava através de seu nariz. Os tubos ocos, provavelmente, agiram como ressonadores, assim como o corpo vazio de um violão aumenta a sonoridade das cordas.

SAURÓPODES

TITÃS DE CAUDA

Com pernas tão grandes quanto troncos de árvores, o tamanho era o meio de proteção mais importante dos Saurópodes. Um Titanossauro como o Ampelossauro era quatro vezes mais pesado que um predador como o Tarascossauro. Mas, se tivesse fome, um carnívoro assassino ainda poderia arriscar um ataque, na esperança de conseguir uma mordida fatal. Sua recompensa seria uma refeição que durasse vários dias.

TAMANHO INTIMIDADOR

Um predador, normalmente, preferiria perseguir presas fracas, como dinossauros jovens ou menores, ou até mesmo filhotes e ovos, em vez de correr o risco de ser derrubado pelo peso de um Saurópode. Mas, se tivesse fome o suficiente, um Tarascossauro de 9 m de comprimento poderia muito bem atacar um Ampelossauro, mesmo que ele fosse maciçamente maior a 15 m de comprimento, e bem defendido.

PROTEÇÃO LEVE

Ao contrário dos Saurópodes anteriores, fortemente armados, o Ampelossauro tinha uma proteção leve. Os grumos ósseos sob sua pele proporcionavam alguma proteção contra a boca de atacantes famintos.

CHICOTE E ESTABILIZADOR

A cauda do Ampelossauro poderia chicotear um perseguidor, assim como agir como um contrapeso se ele escolhesse se levantar sobre suas pernas traseiras para se defender.

BALANÇAVA COMO UM CHICOTE

Com cerca de 27 m de comprimento e pesando até 18 toneladas, o Saurópode Diplodoco tinha uma cauda muito longa, 14 m, que poderia balançar como um chicote nos atacantes. Dois conjuntos de ossos sob sua cauda fizeram dela uma arma poderosa. Quando balançava fortemente este chicote maciço, provavelmente, fazia um som intimidante de rachadura.

DETETIVES de DINOSSAUROS

Sabemos que a cauda do Diplodoco não era tão pesada que tivesse que ser arrastada pelo chão, pois não há marcas de cauda onde o Diplodoco tenha sido descoberto.

PADRÕES E PLUMAS

Durante muito tempo, os cientistas pensavam que os dinossauros eram um tanto ou quanto draconianos e de aparência monótona. Entretanto, as descobertas recentes mudaram essa ideia. Agora, eles acreditam que muitas espécies tinham a pele estampada ou penas com sombra brilhante.

Os padrões teriam ajudado a camuflar os dinossauros, permitindo que os predadores se aproximassem furtivamente das presas - e que ficassem escondidos dos predadores.

TONS E SOMBRAS

Não conhecemos os tons ou sombras exatas de qualquer pele de dinossauro, pois nenhum dos pigmentos sobreviveu em fósseis. Eles podem ter sido brilhantes para exibição, para atrair um companheiro ou para alertar acerca de um rival.

BICO DE PATO MUMIFICADO

Algumas peles, bem como ossos, foram preservados em um bico de pato mumificado. A pele preservada mostrou padrões listrados - a primeira evidência de como era realmente a pele de um dinossauro e como ela pode ter sido camuflada como um réptil dos tempos modernos.

DE QUEM ESTAVA SE ESCONDENDO?

Os Hadrossauros, como o mostrado aqui, foram perseguidos por alguns dos mais perigosos comedores de carne, incluindo o terrível T. Rex.

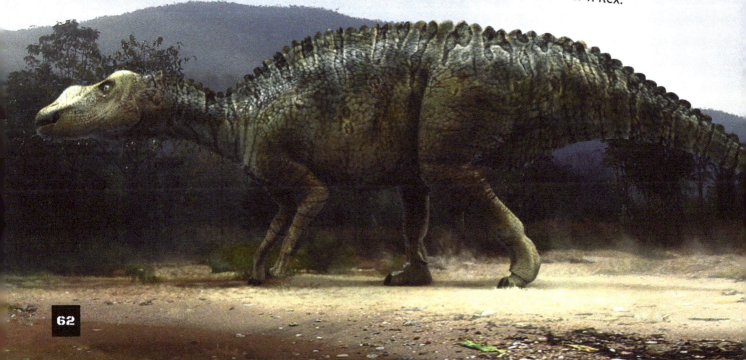

PRIMEIRAS PLUMAS

Em 1996, foi feita uma descoberta espetacular em uma pedreira na China: o primeiro fóssil de dinossauro a mostrar evidência de uma cobertura de penas. O dinossauro era o Sinosauropteryx, um pequeno comedor de carne dos primeiros Cretáceos. Ao estudar células de pigmento conservadas, os cientistas descobriram que ele tinha anéis de penas alaranjadas e brancas alternando sua longa cauda, como um gato tabby. O padrão pode ter ajudado na camuflagem, ou pode ter sido usado para exibição, como as penas que chamam a atenção em algumas aves.

 ## DETETIVES de DINOSSAUROS

Penas fósseis bem conservadas são uma descoberta rara, mas algumas de Anchiornis, um dinossauro semelhante a uma ave, foram descobertas e estudadas. Através de análises detalhadas, os cientistas descobriram que suas penas corporais eram pretas, brancas e prateadas, e que sua crista de cabeça era vermelha.

PASTOREIO DOS PESADOS

Há força em grupos, e assim como os animais modernos se reúnem para pastar, migrar e acasalar, dinossauros como Protoceratops e Tricerátopo também o teriam feito. Em um grupo, haveria mais olhos e ouvidos atentos. Se um sentisse o perigo, correria, e os outros o seguiriam.

Os especialistas costumavam pensar que os maiores dinossauros comedores de plantas viviam sozinhos, especialmente se tivessem uma poderosa proteção defensiva como Tricerátopo. Mas, as evidências revelaram que até mesmo estes poderosos animais vagueavam em rebanhos. As áreas onde muitos ossos são encontrados juntos são a melhor indicação de rebanhos. Em uma parte de Alberta, Canadá, centenas de ossos de Centrossauros foram encontradas juntas - evidência de um enorme rebanho que, provavelmente, se afogou em uma enchente após uma tempestade.

TITANOSSAUROS ADOLESCENTES

Os fósseis de três jovens Titanossauros foram encontrados juntos, amontoados. Eles poderiam ter morrido em uma enchente e eram muito jovens e fracos para escapar com os adultos. É provável que os jovens Titanossauros tivessem sido protegidos em um rebanho. Um bebê vulnerável teria menos probabilidade de ser colhido por um predador se fosse cercado por uma massa de adultos gigantes.

BEBÊS SILVÍLIDOS

O Protoceratops era apenas do tamanho de ovelhas e sua placa de pescoço fraco era apenas para exibição. Os dinossauros, provavelmente, se moviam em rebanhos porque teriam dificuldades para se defender como indivíduos. Sabemos que eles eram vulneráveis porque um fóssil de Protoceratops foi encontrado com um esqueleto de Velociraptor enrolado em torno dele, como se ambos tivessem morrido no meio da batalha.

PAREDE DE CHIFRES

Como o touro e outras criaturas modernas com chifres, os Tricerátopo poderiam ter criado uma parede defensiva ao formar uma linha ou círculo e enfrentar juntos seu atacante. Isto teria sido suficiente para intimidar qualquer predador.

QUEBRADORES DE RECORDES

Os maiores dinossauros foram os Titanossauros. Estes colossais Saurópodes fariam qualquer animal terrestre vivo atual parecer pequeno. Alguns eram mais altos que um prédio de cinco andares, o comprimento de pelo menos três ônibus, e o peso de 17 elefantes africanos.

Os maiores dos dinossauros carnívoros, como o Giganotossauro, ainda eram menores do que os Saurópodes comedores de plantas. Mas, estas ferozes máquinas de caça eram recordistas de outras formas, tendo os maiores dentes e as mordidas mais poderosas. Eles eram capazes de matar dinossauros muito maiores do que eles mesmos.

ARMAS QUE QUEBRAM RECORDES

Os dinossauros tinham alguns dos dentes mais afiados, as garras mais longas, as caudas mais agressivas e os pontapés mais mortais conhecidos pela natureza. Os dentes eram os maiores assassinos: os dentes do Tiranossauro Rex tinham até 23 cm de comprimento; os do Giganotossauro eram apenas um pouco mais curtos, com 20 cm de comprimento.

Um par de Giganotossauros famintos teria sido um par ideal até mesmo para um Titanossauro que quebra recordes.

TITÃS

Os Titanossauros, os dinossauros mais altos, mais longos e mais pesados que andaram sobre a Terra, foram nomeados em homenagem aos Titãs, os poderosos deuses da Grécia antiga. Um deles era o Antarctossauro, que tinha um comprimento estimado de até 30 m. Como um pastor, teria sido um gigante gentil, comendo plantas o dia todo - a menos que fosse atacado!

GIGANOTOSSAURO: GIGANTE FEROZ

Devido a seu tamanho, o Giganotossauro deve ter tido um enorme apetite, e a fome teria superado qualquer medo de atacar um Titanossauro. Uma batalha entre estas duas vastas criaturas teria sido uma visão fantástica. O Giganotossauro teria carregado sua presa e teria tentado uma mordida fatal enquanto evitava ser arrastado pela cauda em forma de chicote do Titanossauro.

TITANOSSAUROS
OS PESOS PESADOS

Os superpesos do mundo dos dinossauros eram os Saurópodes gigantes, os Titanossauros. Pesando 100 toneladas, seus longos pescoços e rabos também lhes davam comprimentos recordes.

GANHADOR DUPLO

O Argentinossauro tem um duplo recorde como o mais pesado (80-100 toneladas) e o mais longo (até 35 m) de todos os dinossauros, depois que um guarda florestal encontrou um fóssil de sua perna em 1987. A perna era tão grande que o guarda-florestal pensou que fosse parte de uma árvore. Os computadores foram usados para estimar como uma criatura tão pesada poderia se mover, e a resposta é: muito lentamente - apenas 8 km/h, mesmo com suas pernas longas.

Antes da perda de seu fóssil, pensava-se que o recordista de tamanho e peso era o Amphicoelias. O fóssil, uma única vértebra de proporções verdadeiramente maciças, sugeria um animal de 60 m de comprimento e peso superior a 125 toneladas.

TITÃS BLINDADOS

Alguns dos Titanossauros, como os Saltassauros, eram pesados, com cerca de 10 toneladas, mas não eram suficientemente grandes para seu tamanho protegê-los. Em vez disso, placas duras e ossudas e espigões cobriam as costas do Saltasaurus para dissuadir mordidas de caçadores.

ARGENTINOSSAURO VERSUS ELEFANTE AFRICANO

	ARGENTINOSSAURO	ELEFANTE AFRICANO
COMPRIMENTO	35 m	7.5 m
ALTURA	21 m	4 m
PESO	99.790 kg	6.350 kg
VELOCIDADE	8 km/h	Mais de 40 km/h
ALIMENTOS	Plantas	Plantas

OS MENORES DINOSSAUROS

Nem todos os dinossauros eram gigantes de peso pesado. Muitos na época Jurássica e Cretácea eram apenas tão altos quanto a altura da cintura de um humano - alguns mal chegavam à altura dos joelhos. Mas, mesmo os menores eram pequenos caçadores agressivos, com mandíbulas cheias de dentes afiados e cortantes.

O Compsognato detém o recorde para o menor dinossauro sem penas já encontrado. Ainda menor era o Microraptor, de penas, que detém o recorde para o menor dinossauro parecido com uma ave. Eles teriam sido capazes de correr rápido em busca de suas presas, pegando pequenos répteis, insetos ou peixes.

MUITO ESTÁVEL

Uma longa cauda ajudou o Compsognato com seu equilíbrio enquanto corria atrás de suas presas. Suas longas pernas sugerem que ele era um corredor rápido.

UM GOSTO POR LAGARTOS

Menor que alguns perus, o Compsognato tinha cerca de 1 m de altura e teria comido pequenas criaturas e insetos. O fóssil de um lagarto azarado foi encontrado no estômago de um Compsognato fossilizado - sua última refeição antes de morrer.

MANDÍBULAS DELICADAS

Compsognato significa "mandíbulas delicadas", mas elas não pareciam tão bonitas para suas presas. Seus dentes eram afiados na frente e mais achatados, e serrilhados na parte de trás.

O SAQUEADOR

Microraptor significa "pequeno saqueador", e este dinossauro do tamanho de um corvo é o menor dinossauro de penas, semelhante a uma ave, já descoberto, com um comprimento de apenas 40 cm. Ele pode ter usado seus membros com penas para pular de árvore em árvore, mas não era preparado para um voo adequado.

 DETETIVES de **DINOSSAUROS**

É pequeno ou apenas jovem?

Esta é a pergunta que os cientistas devem se fazer quando examinam os restos de dinossauros pequenos. O menor esqueleto já encontrado é do Mussauro, com 37 cm de comprimento, mas mais tarde revelou-se ser de um recém-nascido e não totalmente crescido.

CAÇADOR SUPREMO

ESPINOSSAURO

O prêmio de maior caçador vai para este monstro de aparência mítica, que parece ter a cabeça de um crocodilo e o corpo de um dragão. Era um dos dinossauros mais fantásticos de todos e seu nome, Espinossauro, significa "lagarto espinhoso".

NÃO SEGURAVA SUA RESPIRAÇÃO

O Espinossauro não precisava segurar a respiração enquanto empurrava sua boca faminta para a água. Suas narinas estavam no alto de sua cabeça, de modo que estavam bem fora da água para facilitar a respiração.

PELE E ESPINHA DORSAL

A tremenda vela do Espinossauro era feita de longas espinhas dorsais, com a pele esticada transversalmente. Era usada para aterrorizar outros dinossauros ou para controlar seu calor corporal, talvez, para ambas tarefas.

ARMADILHA

Como outros Espinossaurídeos, os dentes do Espinossauro eram diferentes dos de outros gigantes comedores de carne. Não apenas tinham mais dentes, mas eram menores e mais retos, com um conjunto de anzóis na frente - ideal para prender e agarrar peixes escorregadios.

ESTRELA DE CINEMA

O Espinossauro tornou-se famoso quando foi apresentado no filme *Jurassic Park III*. Estes monstros de mandíbula estreita eram ainda maiores que o Giganotossauro e o Tiranossauro Rex. Tinha hábitos alimentares diferentes daqueles comedores de carne também, preferindo caçar em rios e lagos, e pescar peixes. O segundo prêmio para o maior caçador vai para o Carcharodontossauro - outro enorme predador.

ESPINOSSAURO

ESTATÍSTICAS VITAIS

Significado do nome:
Lagarto espinhoso

Família: Spinosauridae

Período: Cretáceo Antigo

Tamanho: 5 m de altura; 18 m de comprimento

Peso: Possivelmente até 20.000 kg

Dieta: Peixe e, talvez, carne

VICE-CAMPEÃO

O Carcharodontossauro era um grande comedor de carne, com 15 m de comprimento, e tinha um dos maiores crânios já descobertos (1,53 m de comprimento). Embora seu crânio fosse mais longo que o de um T. Rex, tinha uma cavidade cerebral muito menor, então, talvez, não fosse tão brilhante. Tinha enormes dentes curvos e serrilhados, comedores de carne, que tinham até 20 cm de comprimento.

O MAIS MORTÍFERO

O Tiranossauro Rex é, frequentemente, descrito como o dinossauro mais mortífero. Seu esqueleto, especialmente suas mandíbulas e dentes, é a prova de sua incrível ferocidade, poder e capacidade de matar. Por mais de 100 anos, ele também manteve o recorde de maior comedor de carne.

QUEBRADOR DE OSSOS

O Tiranossauro tinha uma mordida três vezes mais potente que um Giganotossauro. Ele podia esmagar o osso e furar a pele mais dura. Seus dentes de inclinação para trás tornavam praticamente impossível a fuga de suas vítimas depois de mordidas.

BALANÇO DE CABEÇA

A enorme e pesada cauda mantinha seu corpo ereto e ajudava a mantê-lo equilibrado enquanto balançava a cabeça e as mandíbulas em sua vítima.

ARÍETE

O Tiranossauro Rex poderia ter usado seu peso para empurrar ou esmagar presas menores. As pernas poderosas sustentavam seu corpo gigante, mas devido ao seu tamanho, provavelmente, não conseguia correr muito rápido. Como um assassino de topo, ele teria enfrentado poucos perigos dos quais precisaria fugir, embora seja possível que estes monstros, às vezes, atacassem uns aos outros.

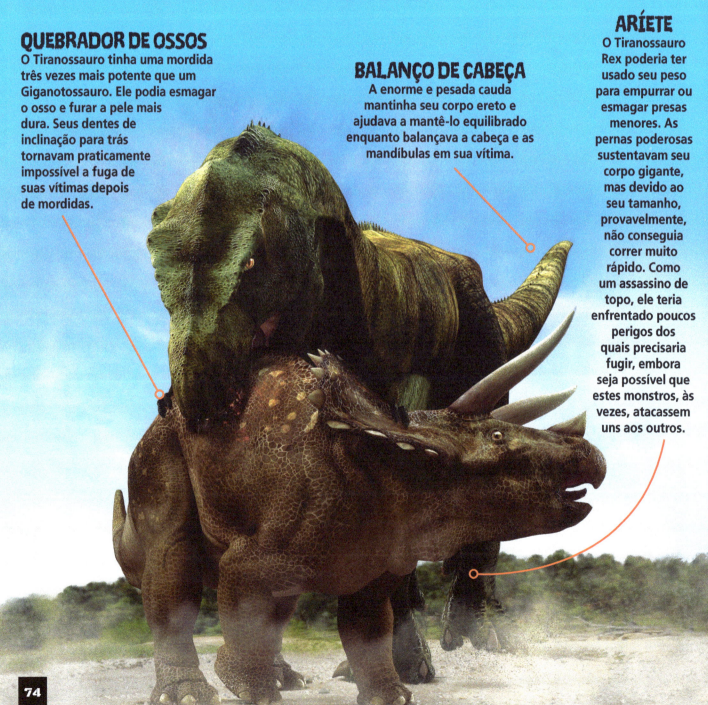

MUITAS PRESAS

Embora não saibamos se ele tinha os dentes mais afiados, o Tiranossauro Rex detém o recorde dos maiores dentes de dinossauro. Os cientistas também descobriram que ele tinha a mordida mais poderosa de qualquer criatura terrestre conhecida.

DETETIVES de DINOSSAUROS

Musculoso

Juntando os esqueletos fósseis, é possível descobrir onde os músculos do T. Rex teriam sido fixados. O comprimento de seus ossos e sua constituição dão pistas sobre a força e o tamanho dos músculos que este caçador teria necessitado para rastrear seu alimento e matar. Os próprios ossos nos dizem como ele deve ter se sobrepujado a muitos outros dinossauros da época.

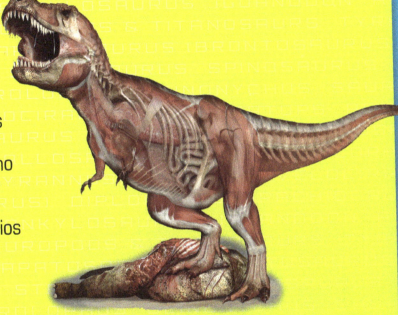

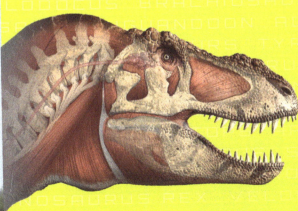

Mordida poderosa

Como sabemos que o T. Rex teve uma mordida tão poderosa? Através do escaneamento de um crânio é possível fazer um modelo computadorizado das mandíbulas e músculos do dinossauro. Então, o computador calcula o poder de sua mordida quando os músculos são puxados com força. A potência de seus dentes superiores e inferiores traseiros batendo uns nos outros foi medida entre 3 e 6 toneladas. Em contraste, a força de uma mordida humana é de apenas 110-130 kg.

ARRANHA-CÉUS

O dinossauro mais alto era o Sauroposeidon, que significa "lagarto de Poseidon". Poseidon era o deus grego do mar e dos terremotos, e o Sauroposeidon parece mesmo um monstro de um mito. No entanto, ele viveu de verdade, pastando sobre plantas cultivadas no Cretáceo.

Alguns dos dinossauros mais altos e mais longos eram os Saurópodes. Eram herbívoros que se movimentavam em quatro pernas e usavam o pescoço para alcançar as folhas mais altas. Eles também podem tê-lo usado para alcançar plantas em áreas pantanosas enquanto mantinham seus pés seguros em solo firme. Os Saurópodes Diplodoco, como o Superssauro, tinham o pescoço mais comprido de todos.

PALAFITAS CAMINHANTES

Sauroposeidón andava sobre quatro pernas, as duas da frente mais longas que as de trás. Quando os ossos fossilizados do pescoço desta criatura foram descobertos pela primeira vez, pensou-se que eram troncos de árvores pré-históricas e não ossos, porque eram muito grandes. Os cientistas pensam que este gigante se estendia até 17 m de altura - mais alto que um edifício de cinco andares. Os ossos do pescoço eram preenchidos com pequenos orifícios para torná-los mais leves. Sem estes furos, o pescoço e a cabeça poderiam ter sido impossíveis de serem levantados.

SuPERPESCOÇO

O Supersauro (que significa "superlagarto") é um concorrente para o registro de pescoço mais longo, mas não podemos ter certeza porque foram encontrados muito poucos fósseis de Supersauro. Entretanto, ao estudar dinossauros similares, e os fósseis de pescoço que foram descobertos, os cientistas estimam que seu pescoço era mais longo que um ônibus (14 m). Como outros Saurópodes, ele tinha uma cabeça pequena, o que significa que seu cérebro era relativamente pequeno, portanto não teria sido o mais brilhante dos dinossauros. Sua cauda longa e fina poderia ter sido usada como um chicote para manter os predadores à distância. Um golpe forte poderia causar sérios danos, ou pelo menos ter dado a um atacante uma surpresa desagradável.

SAUROPOSEIDON VERSUS GIRAFA

	SAUROPOSEIDON	GIRAFA
COMPRIMENTO	34 m	4,7 m
ALTURA	17 m	6 m
PESO	54.000 kg	1.600 kg
VELOCIDADE	8 km/h	Mais de 60 km/h
ALIMENTAÇÃO	Plantas	Plantas

RECORDES DE OVOS

A maioria dos dinossauros, desde os gigantes Saurópodes como Braquiossauro até os Terópodes assassinos como o Tiranossauro Rex, começaram suas vidas como pequenos e vulneráveis filhotes emergentes de ovos. Se não estivessem ferozmente guardados, os jovens dinossauros poderiam ter sido apanhados como uma refeição fácil.

Até mesmo os maiores dinossauros vieram de ovos surpreendentemente pequenos. Os ovos de Terópodes tinham apenas 10-15 cm de comprimento, enquanto os menores ovos de dinossauros fossilizados caberiam facilmente na palma de uma mão, com apenas 6,5 cm de comprimento.

OVOS DO TAMANHO DE BOLAS DE FUTEBOL

Não se sabe muito sobre o Titanossauro Hipselossauro, mas os ovos encontrados ao lado de seus restos fossilizados são recordistas: foram os primeiros ovos de dinossauro a serem encontrados e, também, estão entre os maiores ovos já descobertos. Com 30 cm de comprimento, eles têm o tamanho de bolas de futebol. Os cientistas acreditam que as crias de dinossauros devem ter crescido muito rapidamente para atingir os tamanhos gigantes quando se tornaram adultos e, também, que podem ter continuado a crescer ao longo de suas vidas, assim como alguns répteis dos tempos modernos.

MUNDO CRUEL

Dinossauros-mãe depositavam entre 3 e 20 ovos de uma só vez. Muitos ovos e dinossauros jovens teriam sido devorados por predadores de passagem.

CAÇADORES DE OVOS

Os ovos de dinossauros são raros. Eles são mais frequentemente encontrados em antigas planícies de inundação e dunas de areia. O maior depósito de ovos de dinossauros já encontrado estava em uma antiga praia no norte da Espanha. Ele continha cerca de 300.000 ovos. Muito ocasionalmente, embriões de dinossauros são encontrados dentro dos ovos.

OVOS EM FUGA

Alguns dos maiores ovos foram postos pelo Saurópode Apatossauro. As mães, provavelmente, colocavam seus ovos enquanto caminhavam, e não se preocupavam em construir ninhos ou cuidar dos filhotes recém-nascidos. Como todos os ovos de Saurópodes, os de Apatossauro eram um pouco esféricos. Os ovos de Terópodes eram mais alongados.

OVOS DE DINOS VERSUS OVOS DE AVESTRUZ

	OVOS DE DINOSSAUROS	OVOS DE AVESTRUZ
COMPRIMENTO	30 cm	15 cm
LARGURA	25 cm	13 cm
VOLUME	2 l	1,4 l
PESO	7 kg	1,4 kg

OS MAIS RÁPIDOS

Nas planícies da América do Norte da era Cretácea, dinossauros menores enfrentaram perigos mortais na forma de assassinos como Albertossauro. Atingidos pelo pânico ao ver um predador, seu único meio de fuga era correr. Os mais rápidos eram os mais propensos a sobreviver, e não havia nenhum mais rápido do que os 'dinossauros avestruzes'.

Os Terópodes conhecidos como "dinossauros avestruzes" eram os Ornitomimossauros, o que significa "dinossauros mímicos de pássaros". Os mais rápidos de todos eram Dromiceiomimus e Estrutiomimo, que eram surpreendentemente rápidos.

COMEDOR DE INSETOS?

O Dromiceiomimus tinha um bico de pássaro sem dentes e uma mandíbula fraca, sugerindo que não tentava pegar grandes seres vivos. Entretanto, ele pode ter capturado insetos ou lagartos para complementar sua dieta vegetal.

PERNAS DE AVESTRUZ

O corpo do Dromiceiomimus não se parece muito com um avestruz, mas suas pernas finas, com canelas longas, lhe deram uma velocidade ao estilo avestruz. Corria a até 80 km/h - tão rápido quanto um carro numa velocidade de viagem.

PÉS DE VELOCISTA

Assim como os corredores precisam de uma boa pegada em seus sapatos para evitar que escorreguem, este dinossauro usou suas três garras do dedo do pé para uma aderência extra.

APERFEIÇOADO

O Estrutiomimo era outro dinossauro avestruz norte-americano. Com cerca de 1,8 m de altura, tinha o tamanho semelhante ao do Dromiceiomimus. Seu corpo tinha uma forma aerodinâmica, permitindo que ele corresse rápido, e pode ter sido coberto por penas. A cauda ajudava a mantê-lo equilibrado enquanto corria. Seus pequenos braços com três garras só teriam sido fortes o suficiente para puxar galhos para baixo ou espetar em ninhos de insetos.

DETETIVES de DINOSSAUROS

As pegadas feitas pelos dinossauros são pistas de como eles correram rápido. Seu tamanho e forma podem ser comparados com os de criaturas similares que vivem hoje, como as emas e os avestruzes, para determinar seu estilo de corrida e sua velocidade.

AS GARRAS MAIS LONGAS

Entre as armas mais letais dos dinossauros estão as garras. O Therizinossauro tinha garras incríveis em seus antebraços, o mais comprido de todos os dinossauros. O Utahraptor era o maior dos raptores assassinos e leva o recorde de maiores garras do grupo.

As garras afiadas e curvas do Utahraptor teriam sido armas temíveis tanto para atacar quanto para defender. No entanto, as enormes garras do Therizinossauro não teriam sido usadas para atacar presas, porque se pensa que este gigante de aparência bizarra era um comedor de plantas.

GARRAS IMENSAS

As garras do Therizinossauro (que significa "lagarto foice") tinham 58 cm de comprimento. Suas assustadoras mãos de três dedos estavam na extremidade dos braços, que se estendiam a uns incríveis 2,45 m. As garras podem ter sido usadas para derrubar galhos para comer folhas, para alertar sobre rivais ou para defendê-los dos caçadores.

ESTATÍSTICAS VITAIS

THERIZINOSSAURO

Significado do nome:

Lagarto foice

Família: Therizinosauridae

Período: Cretáceo tardio

Tamanho: 10 m de comprimento

Peso: Possivelmente até 2.700 kg

Dieta: Plantas

DEDOS DOS PÉS ATERRORIZANTES

Com um comprimento de 7,6 m, o Utahraptor foi, provavelmente, o maior dos violentos Raptors. As garras letais em forma de foice em seus segundos dedos poderiam ter até 24 cm de comprimento – um Raptor quebrador de recordes. As garras poderiam ter sido usadas para derrubar Hadrossauros ou Saurópodes menores com um pontapé de arrancar a pele. "Raptor" significa "arrebatador", e os dedos agarrados do Utahraptor teriam se agarrado como uma sanguessuga a suas vítimas.

PROTEÇÃO

RESISTENTES COMO TANQUES

Em 2003, um crânio de dinossauro gigante, com os chifres mais incríveis já vistos, foi descoberto no México. Grandes chifres já haviam sido vistos antes, em dinossauros como Tricerátopo, mas aqueles no Coahuilaceratops eram quebradores de recordes.

O crânio gigante de Coahuilaceratops tinha 1,8 m de comprimento, com chifres que cresciam logo acima dos olhos. Estes chifres podiam ter até 1,2 m de comprimento. O dinossauro tinha um pescoço grosso e forte para suportar o peso dos chifres.

CHIFRES HORRIPILANTES

Os Ceratopsidae, dinossauros como Coahuilaceratops, eram herbívoros. Seus chifres eram para proteção - para afastar os predadores e machos rivais - e, provavelmente, para atrair as companheiras. Os duelos entre pares de Coahuilaceratops podem muito bem ter terminado em ferimentos graves e, talvez, até mesmo na morte de pelo menos um dos competidores.

HERBÍVOROS LAMINADOS

O dinossauro mais protegido era, sem dúvida, o Anquilossauro. Um herbívoro cretáceo tardio, tinha uma proteção pesada feita de placas ósseas com saliências e pontas levantadas, o que tornava difícil para os caçadores atingi-lo com seus dentes. Placas grossas e quatro chifres afiados presos na parte de trás protegiam a cabeça. A estrutura pesada na extremidade da cauda podia rachar ossos quando era balançada em seus atacantes.

COAHUILACERATOPS CONTRA RINOCERONTE

	COAHUILACERATOPS	RINOCERONTE
COMPRIMENTO	6,7 m	4 m
ALTURA	1,8–2,1 m	1,5 m
PESO	3.630 kg	3.600 kg
CHIFRES	2	2
COMPRIMENTO DO CHIFRE	Até 1,3 m	Até 1,5 m

CÉUS SELVAGENS

Enquanto os dinossauros governavam a terra, os Pterossauros eram os tiranos do céu. Estes poderosos répteis voavam sobre o mar, sobre as costas e, às vezes, sobre o interior, pegando insetos, peixes vivos ou rasgando carniça.

Alguns tinham fortes bicos desdentados, enquanto outros tinham dentes afiados. Eles apareceram há cerca de 200 milhões de anos e estavam em seu auge no final do Jurássico, variando do tamanho de pequenos pássaros a monstros tão grandes quanto uma aeronave leve. Deslizando e planando, os Pterossauros podiam mergulhar para pescar no mar ou sobrevoar a terra, a salvo das famintas mandíbulas dos dinossauros. Tradicionalmente, os Pterossauros são divididos em dois tipos - Pterodáctilos e Rhamphorhynchidae.

Os Pterossauros alados elevam-se acima da costa jurássica fora do alcance dos dinossauros abaixo.

MARAVILHOSAS ASAS

Pterossauro significa "lagarto alado". Cada asa destes répteis era feita de couro, uma membrana elástica ou pele. A membrana se estendia do corpo, atravessando até um quarto dedo superlongo. Os outros dedos eram unidos por garras. A asa era fina, mas forte para voar, e não se rasgava facilmente.

TERROR COM DENTES DE AGULHA

Ranforrinco tinha presas longas, um bico pontiagudo e uma envergadura de asas de 1,8 m para estabilidade - perfeito para um caçador de peixes. Com suas asas largas, podia voar baixo sobre o mar ou lagos, usando seus olhos afiados para procurar alimento.

CESTA DE PESCA

Pode ter havido uma bolsa na garganta, como a de um pelicano, para que ele pudesse pegar vários peixes de uma só vez.

LEME DIAMANTE

A longa cauda tinha um leme em forma de diamante na extremidade, o que provavelmente ajudou a conduzi-lo pelo ar, como o leme de um barco.

FOCINHO NO BICO

Ranforrinco significa "focinho no bico". Seu bico saliente segurava 34 dentes afiados como agulha (dez pares no topo e sete abaixo). Eles se agarraram ao lado e na frente - como uma gaiola com espinhos de onde nem mesmo os peixes escorregadios conseguiam escapar.

Seu método de caça pode ter sido mergulhar o bico dentado debaixo d'água, abrir a boca e capturar suas presas. Alguns cientistas pensam que ele pode ter pescado vários peixes ao mesmo tempo usando uma técnica de escumação - arrastando seu bico aberto como um arado subaquático. Seu nome indica a qual dos dois grupos de Pterossauros pertence: é um Rhamphorhynchidae, não um Pterodáctilo. O Rhamphorhynchidae tinha caudas mais longas do que o Pterodáctilo.

ROSTO COM PRESAS

Eudimorphodon, outro Rhamphorhynchidae, tinha mais de 100 dentes, e alguns de seus dentes tinham mais de uma ponta. Esta massa de dentes afiados era mortífera para qualquer peixe que ele pescava, e não permitia nenhuma fuga. Suas longas garras afiadas podiam se agarrar às árvores ou ao topo do penhasco. Desses locais de vigia, ele podia facilmente decolar. O Eudimorphodon é um dos primeiros Pterossauros.

DETETIVES de MONSTROS VOADORES

Como sabemos o que os pterossauros comeram? O tipo de dentes é uma pista, mas a melhor evidência é o conteúdo estomacal fossilizado das criaturas, como as escamas de peixe encontradas no estômago de um Eudimorphodon.

PTERANODONTES
CRISTAS SUPERDIMENSIONADAS

Com uma envergadura de asa três vezes maior que a de uma águia dourada, e uma cabeça pontiaguda mais longa que seu próprio corpo, o Pteranodonte era um fantástico Pterossauro. Estes monstros, provavelmente, voaram sobre a costa, mergulhando para capturar peixes, lulas e outras criaturas Cretáceas do mar.

Embora suas mandíbulas fossem desdentadas, elas eram poderosas. Alguns Pteranodontes tinham uma crista grande e voltada para trás, dando-lhes uma cabeça em forma de T. Como todos os Pterodáctilos, o Pteranodonte não tinha uma cauda, então, a crista pode ter agido como um leme, ajudando-o a virar ao subir pelo céu.

HORA DO SHOW

O Pteranodonte é famoso por sua crista. Os fósseis mostram que as cristas variavam em tamanho, e algumas eram bem pequenas. Isto sugere que, ao invés de ajudar no voo, elas podem ter sido usadas pelos machos para atrair as companheiras. Se este for o caso, então, é provável que as cristas tivessem um padrão brilhante.

BICO INFERNAL

O bico do Pteranodonte tinha 1,2 m de comprimento - mais longo que seu próprio corpo. Sua forma permitiu que ele mergulhasse fundo, pegasse peixes e os engolisse inteiros.

LANÇADO NO AR

No solo, o Pteranodonte teria se movido de forma desajeitada em todas as quatro patas. Alguns cientistas acreditam que os Pteranodontes teriam se lançado no ar a partir de altas rochas. Outros acreditam que eles poderiam ter pousado e depois decolado da superfície da água, como as gaivotas dos tempos modernos.

AERONAVE MICROLEVE

Suas asas eram tão largas quanto as de um microleve, reforçadas com cartilagem e apoiadas com osso. Com as asas deste tamanho, o Pteranodonte teria voado sem muito bater. Apesar de seu tamanho, ele poderia ter se movido rapidamente para capturar peixes com facilidade.

NO PASSADO E NO PRESENTE

No filme *Jurassic Park III*, os Pteranodontes são exibidos carregando as pessoas em suas garras. Isto poderia realmente ter acontecido? Após examinar os ossos fossilizados de Pteranodonte e descobrir que força muscular eles tinham, fica claro que eles não teriam sido suficientemente fortes para fazer isso. Mas, eles poderiam ter voado carregando um peixe grande, como uma águia moderna.

MANDÍBULAS SALIENTES

PTEROSSAUROS

As temíveis mandíbulas dos Pterossauros vieram em todos os tipos e formas estranhas. Alguns, como o Cearadáctilor, tinham mandíbulas semelhantes às de um crocodilo, enquanto as mandíbulas do Pterodaustro pareciam com as de um flamingo dos tempos modernos.

Outros Pterossauros tinham mandíbulas tipo colher, viradas para cima ou cristas. Os Pterossauros se adaptaram para aproveitar ao máximo seus ambientes e obter os alimentos de que precisavam para sobreviver. Suas mandíbulas eram especialmente moldadas para capturar e comer peixe, crustáceos, insetos ou carniça – assim, eles tinham as ferramentas perfeitas para esmagar, peneirar e morder.

SEM ESCAPATÓRIA

No final das mandíbulas do Cearadactylus, parecidas com as de crocodilo, havia um semicírculo de dentes em forma de agulha intertravada. Uma vez capturado, nenhum peixe podia escapar desta armadilha mortal. Os dentes restantes eram pequenos e menos afiados. Isto sugere que ele não se preocupava em mastigar e, provavelmente, comia sua presa inteira.

PINÇAS APERTADAS

A mandíbula do Dsungaripterus tinha uma ponta virada para cima, que poderia ter sido usada para alavancar os mariscos agarrados às rochas. Mais atrás, ao longo da mandíbula, havia dentes ossudos, em forma de botão. Com as mandíbulas fechadas firmemente, como pinças ou alicates, os botões teriam esmagado a presa viva em suas conchas.

FLAMINGO DE APARÊNCIA ESTRANHA?

As mandíbulas longas e curvadas de um Pterodaustro sugerem que este Pterossauro era um alimentador de filtro, como um flamingo. Baixando a cabeça até a água, ele recolhia a água superficial em sua boca. Qualquer coisa que vivesse ali ficaria presa na massa de cerca de 500 cerdas na mandíbula inferior. Muitos pequenos dentes afiados na mandíbula superior escovavam a comida entre as cerdas pela garganta abaixo. Como a comida que provavelmente comia, como os camarões, era rosada, seu corpo pode ter sido rosado, assim como o de um flamingo.

PTERODAUSTRO VS FLAMINGO

	PTERODAUSTRO	FLAMINGO
COBERTURA DO CORPO	Pelagem	Penas
COMPRIMENTO	130 cm	106 cm
ENVERGADURA DA ASA	3 m	1 m
PESO	2-4,5 kg	2-4 kg

DIMORPHODON

CAÇADOR DE BICO DE DENTES

Dimorphodon era um temível caçador de peixes e insetos. Sua cabeça era invulgarmente grande por causa de suas mandíbulas profundas e massa de dentes pontiagudos, ideais para empalar os peixes e carregá-los para fora. Provavelmente, vivia em penhascos ou em árvores, voando para caçar comida e mantendo-se longe de dinossauros predadores.

MOVIMENTAÇÃO POR PEIXES

As asas do Dimorphodon não eram tão largas quanto as de alguns Pterossauros, então, pode ter sido necessário bater mais forte e mais rápido para dar rasantes na água.

GRANDES MORDIDAS

O bico profundo permitia grandes picadas e grandes capturas de peixe. Um bico tão grande também facilitava a captura de insetos enquanto voava. Pode ter sido modelado para exibição, como um papagaio ou um tucano, talvez mostrando sua presença durante a época de reprodução.

GARRAS UNIDAS

Dimorphodon tinha garras unidas nas mãos e nos pés para que pudesse se agarrar com segurança aos troncos das árvores ou às bordas estreitas das falésias marítimas.

LEVE PARA VOAR

O crânio de Dimorphodon era grande, mas continha espaços vazios para torná-lo leve para o voo. Embora profundo, seu bico era estreito e racionalizado para que pudesse cortar através do ar. Se descansasse em terra, provavelmente, rastejava sobre suas duas pernas e asas fortes. Para decolar, as asas eram usadas para alavancagem - assim como um saltador de vara usa um bastão para saltar alto.

BOCA DE LANÇA

O bico do Dimorphodon abrigava armas mortíferas. Seu nome significa "dentes de duas formas" e isto porque possuía dois tipos de dentes: os lados de seus maxilares eram forrados com até 40 dentes pequenos e afiados, e havia dois dentes maiores e perfurantes na frente.

DIMORPHODON VS PAPAGAIO-DO-MAR

	DIMORPHODON	PAPAGAIO-DO- MAR
COMPRIMENTO	1 m	25 cm
ENVERGADURA DAS ASAS	1,2-1,8 m	47- 63 cm
PESO	2.267 g	500 g
VELOCIDADE DE VOO	Desconhecido	88 km/h
PÉS	com Garras	Pés Palmados

PELES DE PELÚCIA

Os Rhamphorhynchoidea eram de sangue quente e, provavelmente, peludos, o que os faz parecer quase bonitinhos. Mas, certamente, não eram amigáveis aos peixes, insetos ou outras criaturas que eles caçavam.

DENTES ASSASSINOS

Jeholopterus era aproximadamente do tamanho de um gato doméstico, com uma envergadura de asa de 1 m. Tinha presas longas e fortes no maxilar superior, muito maiores que o resto de seus dentes - como as presas de uma cascavel. As garras de Jeholopterus também eram mais afiadas e maiores do que a maioria dos outros Pterossauros. Suas mandíbulas foram construídas para se abrirem bem para capturar os insetos em voo.

HORROR CABELUDO

Mesmo o nome deste Rhamphorhynchoidea, Sordes, é assustador. Sordes significa "sujeira" e é uma referência a espíritos malignos em contos folclóricos. Foi nomeado por sua estranha cobertura em forma de pele. Além de uma cauda nua e asas, pequenos pelos cobriam todo o corpo da criatura. Isto levou os cientistas a concluir que os Pterossauros não eram assassinos de sangue frio - eles eram de sangue quente, como os pássaros! Além de ajudar a mantê-los quentes, uma cobertura de pelo funcionava como um silenciador, reduzindo o som de seu corpo em voo, para que pudesse pegar sua presa de surpresa mais facilmente.

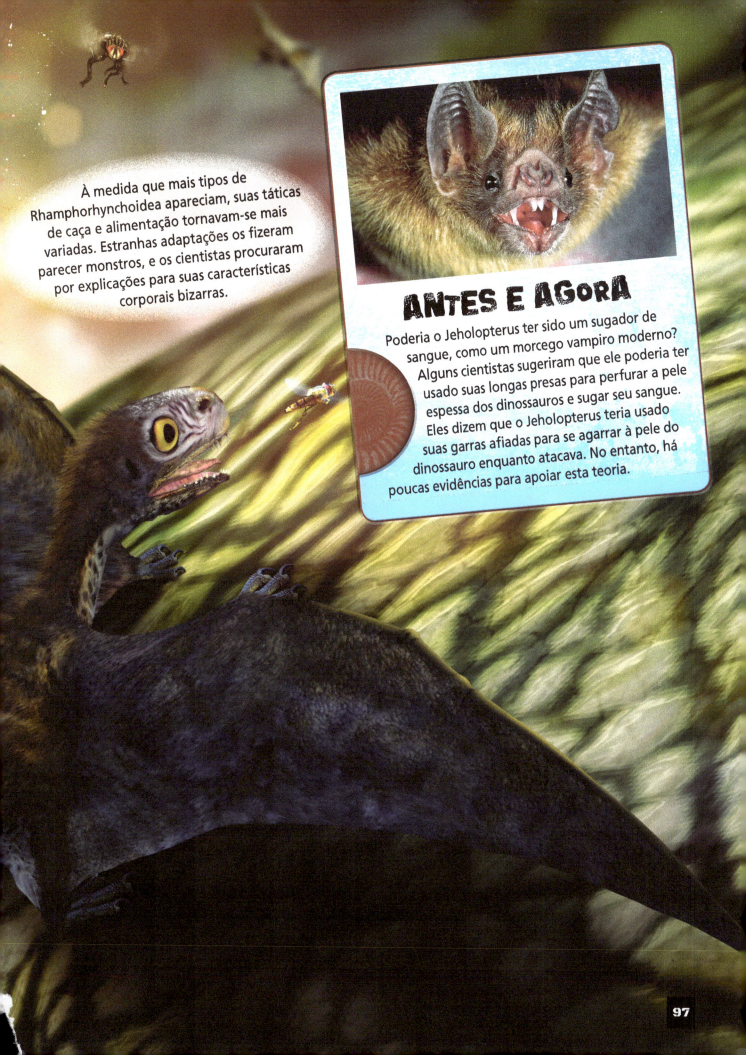

À medida que mais tipos de Rhamphorhynchoidea apareciam, suas táticas de caça e alimentação tornavam-se mais variadas. Estranhas adaptações os fizeram parecer monstros, e os cientistas procuraram por explicações para suas características corporais bizarras.

ANTES E AGORA

Poderia o Jeholopterus ter sido um sugador de sangue, como um morcego vampiro moderno? Alguns cientistas sugeriram que ele poderia ter usado suas longas presas para perfurar a pele espessa dos dinossauros e sugar seu sangue. Eles dizem que o Jeholopterus teria usado suas garras afiadas para se agarrar à pele do dinossauro enquanto atacava. No entanto, há poucas evidências para apoiar esta teoria.

QUETZALCOATLO

ABUTRE GIGANTE

Tanto assustador quanto majestoso, Quetzalcoatlo voou pelos céus do Cretáceo final – foi a maior criatura voadora conhecida, e um gigante comparado à maior ave (o albatroz-gigante). Para alimento, pode ter arrancado peixe do mar, rasgado na carniça ou sondado em lagos ou margens mais rasas por crustáceos.

A SERPENTE EMPLUMADA

Quetzalcoatlo tem o nome de Quetzalcoatlus, a mítica serpente emplumada, adorada pelos povos antigos do México, como os Toltecas e Aztecas. Mesmo que o Quetzalcoatlo não fosse emplumado, suas mandíbulas esbeltas, pescoço longo, crista da cabeça e tamanho teriam lhe dado uma aparência impressionante - mesmo comparada aos poderosos dinossauros da época.

O Quetzalcoatlo pode até mesmo ter caçado dinossauros pequenos ou bebês. Um dinossauro ferido teria sido um achado afortunado para uma criatura tão colossal e faminta.

TRANSATLÂNTICO VOADOR

O Quetzalcoatlo era leve, com um esqueleto de ossos ocos, e não tinha dentes pesados, mas tinha asas maciças. Isto significava que ele poderia percorrer distâncias maiores, sem parar, como um avião de passageiros pode fazer hoje em dia. Subindo sobre correntes de ar quente e planando sobre brisas, dificilmente precisava bater suas asas. Para pegar alimentos, ele poderia viajar a velocidades de 130 km/h e distâncias tão grandes como 19.300 km - isso é quase a metade de uma volta ao mundo!

QUETZALCOATLUS VERSUS AERONAVES MICROLEVES

	QUETZALCOATLUS	AERONAVES MICROLEVES
ENVERGADURA DA ASA	11 m	9 m
PESO	100 kg	300 kg
VELOCIDADE	130 km/h	250 km/h

CRISTAS COMPETIDORAS

O Nictossauro tinha uma das maiores cristas de cabeça de todos os Pterossauros. O crescimento ósseo em forma de L era maciço, com um comprimento de 0,5 m - quatro vezes mais longo que seu crânio.

Estes ornamentos poderosos podem ter sido usados para afugentar outros Pterossauros que competiam pelos melhores locais de alimentação. Assim como os veados usam seus chifres nas lutas durante a época de acasalamento, o Nictossauro macho pode tê-lo usado para travar batalhas no ar, balançando sua crista como uma espada enquanto girava pelo ar.

SEM GARRAS

Misteriosamente, não havia garras no segundo, terceiro e quarto dedos das mãos do Nictossauro. Sem elas, ele não teria sido capaz de se agarrar a penhascos ou árvores, então, provavelmente, passou a maior parte de seu tempo patrulhando o ar.

VOANDO E RODANDO

A forma do corpo e das asas do Nictossauro sugere que era um voador de topo, capaz de girar bruscamente e capturar correntes de ar que aumentariam sua velocidade à medida que voasse.

ESPETOS DE PEIXES

O bico era longo e pontiagudo para ajudá-lo a espetar o peixe enquanto mergulhava no mar

MINI VOADOR

O pequeno Pterossauro Tapejara tinha uma crista formada a partir de dois ossos com uma aba de pele esticada transversalmente. Isto era, provavelmente, para exibição mais do que para auxiliar no voo. Ele voava por curtos períodos durante o dia e à noite, pegando peixes com seu bico. O bico curto e curvado era forte, e alguns cientistas acham que sua forma foi adaptada para comer frutas, não peixes, enquanto outros acham que pode ter sido usado para rasgar a carne das carcaças.

VELA DE PELE

Embora não haja evidências de fósseis, um anexo de pele pode ter se estendido sobre a crista do Nictossauro como uma vela. Isto poderia ter sido para exposição, ou para ajudar na aerodinâmica. Com um giro da cabeça, uma crista de vela poderia ter pegado uma brisa ou corrente de ar, permitindo rápidas mudanças de direção no meio do ar.

ESTATÍSTICAS VITAIS

NICTOSSAURO

Significado do nome: Lagarto da noite

Família: Nyctosauridae

Período: Cretáceo tardio

Tamanho: 2,9 m de envergadura de asa

Peso: 5-10 kg

Dieta: Peixe

ASSASSINOS DE OLHOS AGUÇADOS

Para capturar peixes, os Pterossauros tinham que ter olhos afiados e cérebros que pudessem responder rapidamente ao que viam, para que pudessem voltar para casa com sua matança. O Anhanguera tinha um cérebro grande, então, era capaz de manter um olho em um alvo nadando, enquanto coordenava seu voo para agarrá-lo com sucesso.

PERNAS ESTRANHAS

Quando o Anhanguera se sentava, teria parecido bastante estranho. Suas pequenas pernas teriam se espalhado por ambos os lados do corpo - elas não foram construídas para serem enfiadas bem embaixo como as de um pássaro.

DIABO VELHO

No período Cretáceo, os Pterossauros desenvolveram algumas características de aparência estranha. O Anhanguera, que significa "diabo velho", tinha cristas na extremidade distante de suas mandíbulas superior e inferior. Seus dentes eram afiados e espetados na extremidade, como uma rede de pesca de espinhos ósseos.

ASAS SENSÍVEIS

As asas detectavam quaisquer movimentos aéreos que pudessem ajudar ou atrapalhar seu voo.

DETETIVES de **MONSTROS VOADORES**

Os crânios fossilizados dos Pterossauros nos dão informações sobre o tamanho e as diferentes partes de seus cérebros. Grandes "lobos óticos" mostram que sua visão era boa; os "lobos olfativos" menores sugerem que os Pterossauros não tinham um bom olfato.

GRANDE

O Ornithocheirus tinha uma envergadura de cerca de 5 m, o que o tornava o maior réptil voador do Cretáceo Médio. Tinha cristas em seu bico, mas ao contrário do Anhanguera, tinha uma forma semicircular que ficava mais fina perto da extremidade. Isto pode tê-lo ajudado a empurrar sua boca através da água enquanto nadava sobre a superfície do mar. Seus dentes não se destacavam, portanto, ao invés de uma boca como uma rede de pesca, ele tinha o armamento para capturar peixes maiores.

MORDEDORES PARECIDOS COM PÁSSAROS

As primeiras criaturas parecidas com aves não eram como a maioria das aves com as quais estamos familiarizados hoje - elas tinham equipamentos parecidos com dinossauros, como asas com garras e dentes pontiagudos e afiados. O Archaeopteryx é a mais antiga criatura conhecida, e viveu com os dinossauros na época Jurássica.

O Archaeopteryx tinha penas semelhantes às das aves de hoje, o que lhe permitia voar. As penas também teriam ajudado a isolar seu corpo, mantendo-o quente e seco.

PLUMAS BRILHANTES?

Sabemos que algumas das penas do Archaeopteryx eram pretas, mas como os pássaros de hoje, provavelmente, elas eram brilhantes para a comunicação, por exemplo, para atrair uma companheira. Sabemos que outras criaturas pré-históricas como as aves, como o Sinosauropteryx, tinham penas padronizadas, e o Archaeopteryx provavelmente também tinha.

DEDOS LONGOS

Seus braços haviam se desenvolvido em asas, mas ainda tinham garras de dedo, assim como os dinossauros como Troodon. Provavelmente, podia dobrar suas asas até o peito e sobrepor suas garras.

DENTES PARA MORDIDAS

O Archaeopteryx era do tamanho de um corvo. Mas, ao contrário das aves modernas, tinha dentes afiados e pontiagudos para morder e rasgar suas presas.

PÉ GRANDE

Grandes pés e dedos dos pés permitiam ao Archaeopteryx agarrar-se aos galhos se necessário, mas ele também podia andar pelo chão em suas pernas fortes para procurar alimentos.

CAUDA OSSUDA

A cauda do Archaeopteryx era ossuda em vez de ser feita apenas de plumas. Seu corpo era pesado em comparação com o das aves modernas, portanto, não teria sido um bom voador. Para estas aves primitivas, o voo pode ter sido como um salto prolongado, voando por breves rajadas antes de deslizar para o chão novamente.

PRIMEIROS BICOS

O Confuciusornis não tinha dentes - foi uma das primeiras aves a ter um bico. Seu bico pode ter sido afiado o suficiente para dar uma mordida cruel, como um ganso dos tempos modernos. Tinha as penas mais longas de todos os precursores conhecidos das aves, comparadas com seu corpo. Mas, a falta de uma cauda em forma de leque para voar, provavelmente, significava que não era um voador ágil, especialmente em baixas velocidades. Os restos fósseis mostram que sua plumagem tinha tonalidades diferentes, incluindo vermelho, marrom e preto.

 DETETIVES de **MONSTROS VOADORES**

O Archaeopteryx foi uma descoberta importante porque ajudou a mostrar como as aves se desenvolveram a partir dos dinossauros. Era um elo perdido na cadeia evolutiva, possuindo características dos dinossauros Terópodes (cauda óssea e dentes afiados) e características das aves de hoje (penas e um osso bifurcado entre o pescoço e o peito).

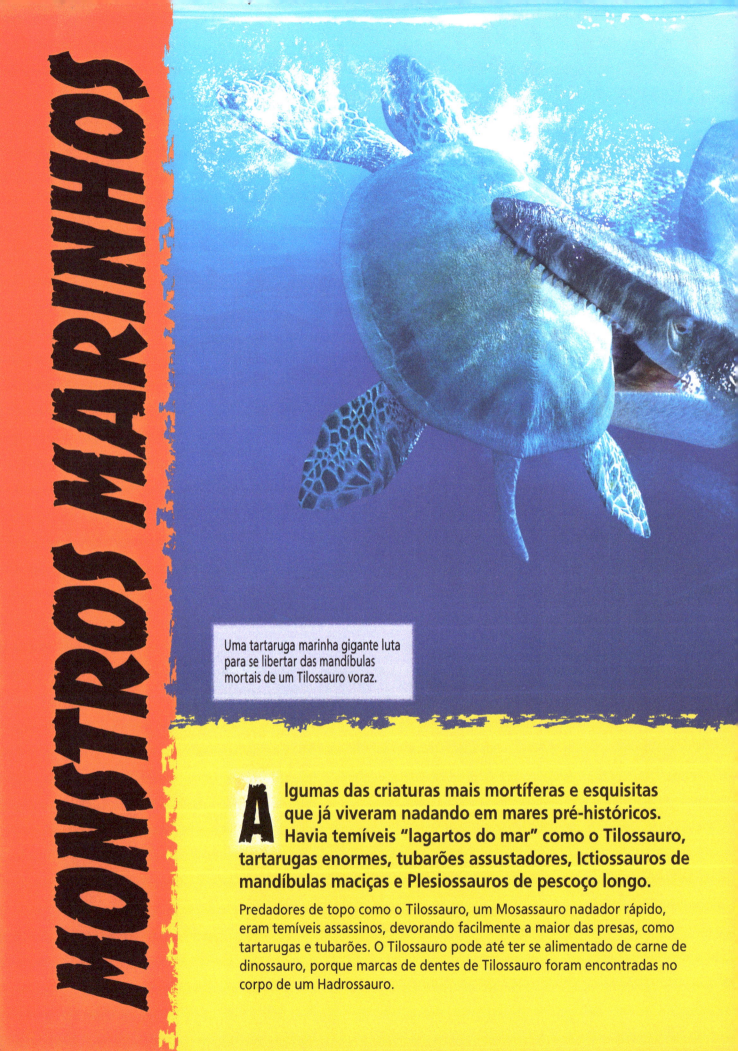

MONSTROS MARINHOS

Uma tartaruga marinha gigante luta para se libertar das mandíbulas mortais de um Tilossauro voraz.

Algumas das criaturas mais mortíferas e esquisitas que já viveram nadando em mares pré-históricos. Havia temíveis "lagartos do mar" como o Tilossauro, tartarugas enormes, tubarões assustadores, Ictiossauros de mandíbulas maciças e Plesiossauros de pescoço longo.

Predadores de topo como o Tilossauro, um Mosassauro nadador rápido, eram temíveis assassinos, devorando facilmente a maior das presas, como tartarugas e tubarões. O Tilossauro pode até ter se alimentado de carne de dinossauro, porque marcas de dentes de Tilossauro foram encontradas no corpo de um Hadrossauro.

GIGANTES DO OCEANO

O oceano pré-histórico continha algumas versões gigantescas de criaturas que hoje nos são familiares. Por exemplo, o Arquelônio foi a maior tartaruga já conhecida. Com cerca de 4 m de comprimento e o peso de um carro de família, tinha uma concha de couro e capturava presas como medusas e crustáceos usando seu bico poderoso e afiado. O Arquelônio pode ter vivido por até 100 anos e, talvez, até hibernado no fundo do oceano.

CONCHAS CHOCANTES

No período Devoniano, os mares pré-históricos estavam repletos de criaturas de aparência esquisita. As mais conhecidas são as trilobitas e as amonites, porque são encontrados com frequência fósseis fantásticos de seus exoesqueletos.

As amonites tinham conchas em forma de espiral que podiam crescer até tamanhos enormes. Muitas delas, como as Oxynoticeras, eram boas nadadoras, enquanto outras eram habitantes de fundo lentas. Elas podem ter evitado os predadores esguichando tinta, como os polvos e as lulas de hoje.

AJUDA FLUTUANTE
A casca da amonite era forte o suficiente para permitir que ela nadasse a grandes profundidades sem ser esmagada pela pressão da água. As câmaras internas podiam ser preenchidas com gás para ajudar a amonite a flutuar para cima quando quisesse subir.

BEM MACIO
Logo dentro da entrada da casca enrolada espreitava o corpo macio desta amonita Hildoceras. Ela esguichava jatos de água de seu corpo para chicotar através da água, muitas vezes, movendo-se em grandes grupos em busca de alimento.

MANDÍBULAS JATEADORAS
Os tentáculos se estendiam para pegar seu alimento e, depois, o atraíam para sua boca escondida. Acredita-se que este monstro tenha sobrevivido em organismos microscópicos chamados plâncton.

APERTADO COMO UMA BOLA

Os trilobitas sobreviveram por mais de 270 milhões de anos, vasculhando, caçando e filtrando alimentos no fundo do oceano. Havia muitos tipos de trilobitas, agora todos extintos, mas todos eles estão relacionados com as baratas e milípedes de hoje. Eles trocavam seu exoesqueleto protetor várias vezes ao ficarem maiores, e um novo crescia em seu lugar. Grupos de até 1.000 indivíduos se aglomeravam para que pudessem ficar seguros enquanto esperavam que sua nova casca se desenvolvesse. Diante do perigo, eles se enrolaram para manter a segurança de seus corpos inferiores mais macios.

ESTATÍSTICAS VITAIS

 **AMONITE**

Significado do nome: Nome dado em homenagem ao deus egípcio Ammon

Família: Hildoceratidae

Período: Devoniano a Cretáceo

Tamanho: Até 2 m de diâmetro

Peso: 5-10 kg

Dieta: Plâncton

A casca espiral da amonite foi dividida em câmaras individuais. A criatura vivia na maior e mais externa dessas câmaras. Quando se tornava grande demais para uma câmara, uma outra crescia e ela se mudava para lá. Os cientistas estimam que levava cerca de quatro semanas para que uma câmara crescesse, de modo que elas pudessem crescer por volta de 13 vezes por ano. Você pode calcular a idade de uma amonita contando as câmaras em sua casca.

CAMEROCERAS

TERROR COM TENTÁCULOS

Se você deu um mergulho nos mares do Cambriano tardio, você pode ter tido o azar de encontrar um Cameroceras. Este enorme monstro parecido com uma lula pode ter tido até 9 m de comprimento - o maior molusco (invertebrado de corpo mole) já conhecido, e um predador de topo.

CHIFRES ENORMES

A concha em forma de chifre desta criatura era composta de câmaras separadas, como a de uma amonita (seu nome significa "chifre em forma de câmara"). À medida que o animal crescia, a concha crescia também. O animal vivia no terço superior da concha, mais próximo da abertura, para que pudesse alcançar e agarrar suas presas. O gás enchia as câmaras da concha atrás para ajudar a criatura a se mover para cima e para baixo no mar.

UMA PEGADA CERTEIRA

Os Cameroceras tinham numerosos tentáculos longos com ganchos pegajosos, que costumavam prender suas presas.

Os Cameroceras, provavelmente, se alimentavam de qualquer presa que estivesse ao alcance de seus terríveis tentáculos, como os peixes sem mandíbula que habitavam os mares naquela época.

UM CANIBAL?

Os Cameroceras são, às vezes, ilustrados como um canibal, comendo seus filhotes. Os cientistas não podem ter certeza de sua dieta ou de como eles caçavam. Apenas suas conchas são encontradas como fósseis - todas as evidências de seu corpo mole apodreceram, não deixando pistas duradouras, como o conteúdo estomacal.

RASTREAMENTO DAS PRESAS

Como a lula de hoje, os Cameroceras podem ter rastreado suas presas capturando aromas, ou usando seus olhos. Por ser tão grande, ele pode ter ficado no fundo do oceano, esperando para emboscar criaturas passageiras. Uma vez avistada, a refeição seria arrancada, depois puxada para dentro de sua boca, em forma de bico. Teria havido poucas chances de fuga.

ANTES E AGORA

As estimativas do tamanho das Cameroceras são baseadas em um fóssil da parte de sua casca. Os cientistas podem supor como ela viveu estudando espécies relacionadas que existem hoje, tais como choco, polvo e lula (como esta).

TUBARÕES ASSUSTADORES

Assim como hoje, os tubarões foram os maiores terrores dos mares na pré-história. Mas, na época, os tubarões eram ainda maiores e mais mortíferos. Pesando até 100 toneladas, o Megalodonte rondava os mares após a extinção dos dinossauros e é o maior predador marinho da história do planeta.

O Megalodonte era mais longo que um ônibus escolar - três vezes mais longo que o grande tubarão branco de hoje. Seus dentes tinham mais de 15 cm de comprimento e estavam entre os maiores mastigadores do mundo pré-histórico. Além disso, o Megalodonte tinha a mordida mais poderosa de qualquer criatura que já viveu, com uma força de mordida de 11-18 toneladas - suficiente para esmagar o crânio de uma baleia.

DETETIVES de CRIATURAS MARINHAS

Inicialmente, se pensava que os dentes fósseis dos tubarões pré-históricos eram como línguas, por serem tão grandes. Um dente de Megalodonte, como este, era semelhante ao de um grande tubarão branco - triangular, afiado e serrilhado. As serrilhas agiam como os sulcos de uma serra, cortando a carne enquanto o tubarão balançava suas presas de um lado para o outro.

SEM FUGA

As grandes barbatanas permitiam curvas rápidas, portanto, o Megalodonte era um caçador ágil. Ele pode ter perseguido baleias até a superfície quando elas precisavam respirar. O tubarão atacaria por baixo e, talvez, mordesse a barriga da baleia antes que ela pudesse escapar.

GIGANTE DOS OCEANOS

Estima-se que o corpo do Megalodonte tenha tido até 20 m de comprimento. De 25 a 1,6 milhões de anos atrás, não havia nenhuma criatura do oceano suficientemente forte para competir com este tubarão-monstro.

MORDIDA GIGANTESCA

As mandíbulas do Megalodonte eram tão vastas que uma pessoa seria capaz de se levantar em sua boca bem aberta. Sua mordida era tão poderosa que uma vez que tivesse uma parte de sua presa na boca, como uma barbatana, teria sido impossível escapar. Com uma enorme fome e uma mordida deste tamanho, enormes baleias teriam sido sua presa alvo.

MORDIDAS DE DINOSSAUROS

O Squalicorax era um tubarão de dentes afiados que aterrorizava os mares Cretáceos, alimentando-se de criaturas menores como o Enchodus, um tipo de peixe pré-histórico. Um osso do pé de um Hadrossauro foi encontrado com um dente de Squalicorax, sugerindo que o tubarão estava feliz em se transformar em um necrófago e se alimentar de um dinossauro morto que havia sido levado pelo mar.

CAÇADORES DE PESCOÇO LONGOS

Entre os monstros de aparência mais estranha dos mares pré-históricos estavam os Elasmossauros, uma família de Plesiossauros com pescoços muito compridos, que viviam nas águas do Cretáceo. Suas pequenas cabeças estavam repletas de dentes afiados que arrebatavam até mesmo as presas que mais rapidamente nadavam. Seus enormes estômagos são a prova de um apetite enorme.

BARRIGA PESADA

Os Elasmossauros, como outros Plesiossauros, comiam pedras. Estes são chamados de gastrólitos. Seu peso pode ter ajudado seus corpos em forma de barril a permanecerem estáveis.

PEDRAS DA BARRIGA

Sabemos que os Elasmossauros comeram pedras porque foram encontradas em fósseis dessas criaturas. As pedras podem ter ajudado na digestão porque, à medida que os Elasmossauros se moviam, as pedras batiam e amassavam o alimento que tinham comido.

NADADEIRA PODEROSA

Apesar de os Elasmossauros parecerem pouco dinâmicos, eles foram capazes de mover seus corpos para cima e para baixo em um movimento ondulatório, semelhante ao de um pinguim nadador, e bater suas nadadeiras rígidas como se voassem através do oceano. As nadadeiras dianteiras eram usadas para dirigir enquanto as traseiras produziam a força para empurrar lentamente seus enormes corpos através da água.

ELASMOSSAURO

Significado do nome:
Lagarto de fita

Família: Elasmosauridae

Período: Cretáceo tardio

Tamanho:
12 m de comprimento

Peso: 2.000 kg

Dieta: Peixe

PONHA SEU PESCOÇO PARA FORA

O Albertonectes, um tipo de Elasmossauro, tinha um pescoço de 7 m de comprimento - mais longo do que qualquer outro Plesiossauro conhecido. Tinha 76 vértebras de pescoço, enquanto os mamíferos, incluindo as girafas, têm apenas sete. Um pescoço tão longo lhe permitia agarrar as presas sem ter que nadar longe.

COMEDORES SORRATEIROS

O pescoço de Elasmossauro, um tipo de Elasmossauros, era tão longo que, no início, os cientistas pensavam que seus fósseis de pescoço faziam parte de uma cauda. O pescoço longo e a cabeça pequena do Elasmossauro eram perfeitos para se esgueirar em cardumes de peixes para comer. O Elasmossauro se aproximava dos peixes, enquanto mantinha seu corpo volumoso bem escondido em águas mais profundas e turvas. Os dentes longos e finos que se destacavam de sua boca eram como espetos.

LIOPLEURODON

TIRANO JURÁSSICO

O Liopleurodon está entre os maiores vertebrados carnívoros que já viveram. Era um Plesiosiossauro de pescoço curto - um voraz comedor de carne e caçador de topo, que percorria os mares Jurássicos em busca de peixes e outra vida marinha, tais como Ictiossauros e lulas.

A posição das narinas de Liopleurodon sugere que elas foram usadas para cheirar, e não para respirar. O predador, provavelmente, usou seu olfato para encontrar sua próxima refeição, talvez captando a presença de carne ou sangue a longas distâncias. Suas quatro nadadeiras poderosas teriam lhe dado uma boa chance de vencer uma perseguição, e sua rápida aceleração teria sido ideal para emboscadas de presas.

DENTES ATERRORIZANTES

Com dentes do tamanho dos de um T. Rex, o Liopleurodon poderia dar mordidas mortais, rasgar a carne ou agarrar o peixe inteiro. Alguns de seus dentes tinham 20 cm de comprimento - do tamanho de pepinos - e ficavam presos na frente como uma armadilha cruel para animais. A cabeça enorme tinha um quinto do comprimento de seu corpo e continha mandíbulas suficientemente poderosas para se agarrar a um Ictiossauro lutador. Alguns especialistas acreditam que ele nadava com a boca aberta, pegando qualquer peixe ou lula que cruzasse seu caminho.

LIOPLEURODON
VERSUS
TIRANOSSAURO REX

	LIOPLEURODON	TIRANOSSAURO REX
COMPRIMENTO	18 m	12 m
PESO	25 toneladas	7,7 toneladas
COMPRIMENTO DA MANDÍBULA	Mais de 3 m	1,2 m
PRESAS	Peixes e outras vidas marinhas	Carne
PERÍODO	Jurássico Médio-Final	Cretáceo Final

NADADORES PODEROSOS

Os Pliossaurídeos eram primos dos Plesiossauros com pescoço curto, cabeças grandes e mandíbulas enormes e dentadas. Eles variavam de 4 a 15 m de comprimento e suas presas eram peixes, tubarões, dinossauros e outros répteis marinhos.

TITÃ DO MAR

Entre os maiores Pliossaurídeos estava o Kronossauro. Batizado em homenagem ao titã grego Kronos, sua cabeça grande, pescoço robusto e dentes afiados evocam o poder aterrorizante de um gigante mítico. Seu enorme crânio de ponta achatada compõe um terço do comprimento de seu corpo, e é maior do que o crânio de qualquer outro réptil marinho conhecido. As mandíbulas pontiagudas escondiam dentes posteriores arredondados, porém mortais, que poderiam esmagar as conchas de amonites e tartarugas.

MUSCULOSO

Há evidências de que o Kronossauro tinha músculos fortes para nadar, portanto, provavelmente, era rápido e ágil na água, apesar de seu corpo volumoso.

CAÇADORES DE DINOSSAUROS?

O Pliossauro era outro Pliossaurídeo gigante. Os cientistas estimam que suas mandíbulas teriam sido capazes de morder com mais força do que as de um T. Rex. O tamanho de seus dentes e o poder de suas mandíbulas sugerem que ele pode ter tido a força para pegar dinossauros da costa e devorá-los. Os ossos de dinossauros, certamente, foram encontrados nos estômagos dos Pliossauros. Entretanto, estes podem ter vindo de cadáveres de dinossauros em decomposição, levados pela maré ou por um rio até o oceano.

DETETIVES de CRIATURAS MARINHAS

Às vezes, apenas algumas partes de um monstro marinho são descobertas. Descobrir a parte a que elas pertencem pode ser um pouco como fazer um quebra-cabeças. Outro desafio é classificar estas criaturas. Este é um Trinacromerum, um tipo de Pliossaurídeo – mas, foi originalmente confundido com outra espécie de Pliossaurídeo de aparência semelhante, chamado Dolichorhynchops.

ICTIOSSAUROS

PEIXES LAGARTOS

Os Ictiossauros, ou "peixes-lagartos", pareciam-se um pouco com golfinhos, mas eram mais como tubarões assassinos. Estes caçadores reptilianos dos tempos jurássicos ostentavam um temível conjunto de mandíbulas.

Ictiossauros como Excalibossauros e Ictiossauros eram grandes nadadores e bem adaptados para caçar a presa, ou para procurar se necessário.

CAÇADORES SEMELHANTES A TUBARÕES

O Ictiossauro de 2 m de comprimento tinha o corpo parecido com o do golfinho, mas sua cauda parecia mais com a de um tubarão. Ele também vivia como um tubarão, caçando em águas profundas e abertas. As mandíbulas longas, cheias de dentes, pegavam mariscos, peixes e lulas.

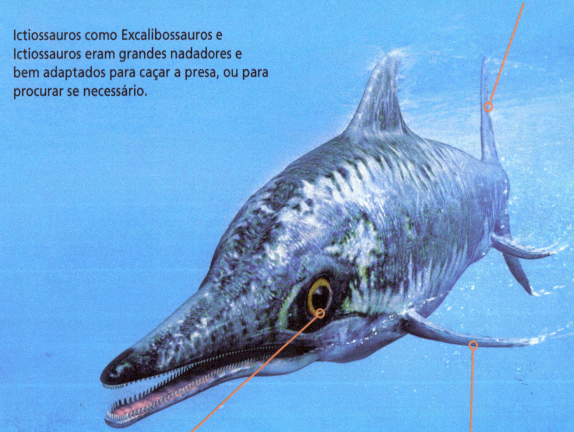

OLHOS PRINCIPAIS

Os olhos do Ictiossauro eram extra grandes para ajudar a captar a luz que eles conseguiam nas profundezas obscuras do oceano.

VELOCIDADE DA CAÇA

Dois conjuntos de barbatanas e uma barbatana dorsal estabilizavam o Ictiossauro enquanto ele nadava. Ele se propulsava através da água com movimentos da cauda, movendo-se rapidamente graças à forma aerodinâmica de seu corpo.

LÁBIO DE ESPADA

Alguns Ictiossaurus, como o Excalibossauro, tinham um maxilar superior mais longo, parecido com uma espada e pareciam um pouco com um peixe-espada. O Excalibosauro tem o nome de Excalibur, a mítica espada do rei Arthur. Sua "espada" pode ter sido usada como uma sonda para cavar alimento no fundo do oceano. Ou pode ter sido usada como uma arma em batalhas ou para capturar suas presas. A parte do maxilar superior que se estendia além do maxilar inferior era forrada com filas de dentes voltados para fora, que teriam sido mortais se tivessem sido apunhalados na carne de sua presa ou de um réptil inimigo.

EXCALIBOSSAURO VERSUS PEIXE-ESPADA

	EXCALIBOSSAURO	PEIXE-ESPADA
COMPRIMENTO	7 m	3 m
PESO	907 kg	650 kg
DENTES	Nos maxilares superior e inferior	Sem dentes nos adultos
PRESAS	Peixes, outra vida marinha e répteis	Peixes, lulas, polvos
PERÍODO	Jurássico Final	Atual

PRESAS DE PESCA

Os tubarões não eram os únicos peixes mortíferos pré-históricos. Alguns, como o Dunkleosteus, eram poderosos o suficiente para atacar e matar um tubarão. Outros peixes predadores, como o Enchodus, fazem as piranhas de hoje parecerem positivamente amigáveis.

BEM PROTEGIDO

O Dunkleosteus tinha uma chapa resistente e protetora para guardar seu enorme corpo de 10 m de comprimento e 3 toneladas de outros caçadores nos mares Devonianos. As marcas de mordidas nestes peixes sugerem que, às vezes, eles se voltavam para o canibalismo quando outros alimentos eram difíceis de encontrar.

PEDAÇOS DE CARNE

Ao invés de dentes, o Dunkleosteus tinha placas fatiadas, ossudas. Ele mordia duro com uma parte de sua mandíbula, capturando até mesmo as presas poderosas e lutadoras.

MANDÍBULAS!

O Dunkleosteus tinha uma força de mordida maior do que um grande tubarão branco. Suas mandíbulas esmagadoras tinham uma força de 500 kg - mais que o dobro da força de uma hiena.

ASSASSINOS COM DENTES AFIADOS

O Enchodus, que vivia no Cretáceo Final, quase poderia ser confundido com um salmão ou arenque moderno - exceto por sua boca cheia de dentes enormes e afiados. Na frente de sua boca havia duas presas perfurantes que podiam crescer até 6 cm de comprimento. Estas presas, juntamente com seus grandes olhos, faziam dele um formidável caçador. Como muitos tipos de peixes, ele poderia ter vivido e caçado em cardumes. Um cardume desses monstros com boca de canino poderia ter superado criaturas marinhas muito maiores do que eles mesmos.

DETETIVES de CRIATURAS MARINHAS

Modelos computadorizados tridimensionais de monstros extintos como o Dunkleosteus são criados para descobrir mais sobre como eles se moviam e caçavam. Um modelo computadorizado do Dunkleosteus revelou que ele poderia abrir suas mandíbulas em apenas um quinquagésimo de segundo - suficientemente rápido para ter criado uma força de sucção capaz de puxar as presas que passavam para dentro de sua boca.

CROCODILOS GIGANTES

Pântanos, lagos, rios e estuários eram lugares perigosos para os pequenos animais terrestres vaguearem. Até mesmo enormes dinossauros corriam o risco de um ataque surpresa de um dos crocodilos gigantes que ali se escondiam. Marcas de mordidas em dinossauros, incluindo o enorme carnívoro Albertossauro, revelam ataques do Deinosuchus, um dos maiores crocodilos existentes.

HORRIPILANTE!

Deinosuchus tinha enormes mandíbulas com cerca de 44 dentes afiados, e tinha uma mordida horrível, mais poderosa que alguns dos maiores dinossauros. Com um corpo de 10 m de comprimento, e um crânio mais comprido que a altura de um humano adulto, este monstro deve ter tido um grande apetite, então, um dinossauro grande era, provavelmente, uma refeição tentadora. Ele vivia na foz de um rio, onde também se alimentava de tartarugas e peixes.

Os crocodilos pré-históricos eram, provavelmente, ainda mais aterrorizantes do que os crocodilos modernos. Criaturas gigantescas como o "supercrocodilo" Sarcosuchus e Deinosuchus (que significa "crocodilo terrível") viviam escondidos em águas rasas, esperando para emboscar suas presas.

SUPERCROCODILO

Com o comprimento de um ônibus e o peso de uma pequena baleia, o Sarcosuchus, apelidado de "supercrocodilo", era a maior criatura parecida com o crocodilo já conhecido, e tinha o dobro do tamanho de qualquer crocodilo que vive hoje. Seus dentes eram arredondados e feitos para agarrar as presas e esmagá-las, e não para morder. Provavelmente, estava meio submerso em rios rasos, jantando grandes peixes e qualquer outra presa que vagueava. Pode também ter rastejado em terra para se enfiar nos restos de carniça deixados por um dinossauro morto. O Sarcosuchus tinha uma ponta bulbosa peculiar no final de seu focinho, chamada bula. Os cientistas não sabem para que isso servia, mas pode ter ajudado a fazer sons, ou realçado seu olfato.

ESTATÍSTICAS VITAIS

SARCOSUCHUS

Significado do nome: Crocodilo carnudo

Família: Pholidosauridae

Período: Cretáceo precoce

Tamanho: 12 m de comprimento

Peso: 9.000-13.600 kg

Dieta: Peixe e carniça

GLOSSÁRIO

aperfeiçoado Algo que tem uma forma suave, permitindo que se mova facilmente através de bosques, água ou ar.

barbatana dorsal Uma barbatana vertical erguida da parte traseira de um peixe e usada para direção e estabilidade.

cadeia alimentar Um grupo de organismos dispostos em ordem de classificação, sendo cada um deles dependente do seguinte como fonte de alimento. Por exemplo, uma raposa come um rato, o rato come um inseto, e o inseto come uma planta.

camuflagem Marcas ou padrões que ajudam algo a se misturar em seu ambiente, de modo que não possa ser visto facilmente.

Carbonífero Um período pré-histórico em que existiam muitos pântanos e florestas. Combustíveis fósseis formados mais tarde a partir das árvores e plantas que morreram.

carcaça O corpo de uma criatura morta.

carniça Carne de uma criatura que morreu, e uma fonte de alimento para alguns pássaros e animais.

ceratopsianos Um grupo de dinossauros grandes, de quatro patas, a maioria dos quais tinha chifres e couraças.

couraça Uma área óssea ao redor do pescoço de um dinossauro.

Cretáceo Um período pré-histórico durante o qual viveram mamíferos e dinossauros gigantes, e que terminou com a extinção em massa dos dinossauros há 65 milhões de anos.

crista Uma parte do corpo que se cola na cabeça de um animal e pode ser ornamental.

Devoniano Um período pré-histórico, também conhecido como a Era dos Peixes, quando os oceanos eram quentes e repletos de muitos tipos de peixes em evolução.

envergadura de asas A medida através das asas de um animal, como uma ave ou um Pterossauro, quando as asas estão esticadas.

época de reprodução Meses do ano em que as criaturas se reúnem para acasalar a fim de ter descendência.

espinossauros Uma família de dinossauros de duas patas, comedores de carne, que viveu no período Cretáceo.

evoluir Mudar gradualmente ao longo do tempo.

extinto Não existe mais.

filtragem Extrair alimentos, como peixes minúsculos da água, passando-os pelas partes da boca em forma de peneira.

flamingo Uma ave de asas rosadas ou avermelhadas com patas longas, pescoço longo e bico parecido com um patinho.

fóssil Os restos de um organismo pré-histórico preservado na rocha.

fossilizado Feito em um fóssil.

guelras As partes do corpo de um peixe que são usadas para respirar.

hadrosauros Família de dinossauros comedores de plantas, também conhecidos como dinossauros de bico de pato por causa de suas bocas em forma de bico.

herbívoro Um comedor de plantas.

hibernante Que passa o inverno em estado dormente (retardado ou inativo).

ictiossauros Um grupo de répteis grandes e marinhos que se assemelhavam aos golfinhos.

invertebrado Uma criatura sem espinha dorsal, como um verme, uma lula ou um inseto.

isolamento Uma forma de manter o calor dentro e o frio fora.

Jurássico Um período pré-histórico em que viviam muitos grandes dinossauros. Também é chamado a Era dos Répteis.

mexilhão Um grande molusco com duas partes principais de sua concha, semelhante a uma ostra.

mosassauro Uma família de répteis gigante, carnívora e que vivia do mar, que usava quatro membros semelhantes a remos para nadar.

nadadeiras Membros usados pelas criaturas na água para nadar.

navegante (Um herbívoro) que se alimenta de rebentos, folhas e outras matérias vegetais.

omnívoros Uma dieta tanto de plantas quanto de carne.

pachycephalosaurideos Uma família de dinossauros de duas patas que tinha crânios muito espessos, abaulados.

paleontólogo Um cientista que estuda plantas e animais fósseis.

pastorear Alimentar-se de plantas de baixo crescimento.

placas Conjunto ósseo na superfície de um dinossauro que lhe dava proteção. Algumas placas se erguiam da coluna vertebral, como em um estegossauro.

plesiossauros Um grupo de répteis que evoluiu para viver no mar e usou membros semelhantes a raquetes para nadar.

predador Um animal que caça outros animais para matar e comer.

presa Um animal que é caçado por outros animais para se alimentar.

pterossauros Um grupo de répteis voadores que estavam intimamente relacionados com os dinossauros.

répteis Animais de sangue frio que, geralmente, põem ovos e têm escamas.

saurópodes Um grupo de dinossauros gigantes comedores de plantas de quatro patas, com cabeça pequena, pescoço e cauda longa.

serrilhados Tendo uma borda recortada, em forma de serra.

terapodes Um grupo de dinossauros de duas patas, principalmente comedores de carne, como o Tiranossauro Rex e o Giganotossauro.

titanossauro Um tipo enorme de saurópode.

Triássico Um período pré-histórico durante o qual os primeiros dinossauros e mamíferos evoluíram.

vertebrado Uma criatura com espinha dorsal, tal como pássaro, mamífero ou réptil.

ÍNDICE

CPSIA information can be obtained
at www.ICGtesting.com
Printed in the USA
JSHW052240160423
40341JS00005B/140

9 786558 882053